Mantenimiento correctivo de instalaciones de climatización y ventilación-extracción

Alfonso Jiménez Ruiz

ic editorial

Mantenimiento correctivo de instalaciones de climatización y ventilación-extracción
© Alfonso Jiménez Ruiz

1ª Edición

© IC Editorial, 2025

Editado por: IC Editorial
c/ Cueva de Viera, 2, Local 3
Centro Negocios CADI
29200 Antequera (Málaga)
Teléfono: 952 70 60 04
Fax: 952 84 55 03
Correo electrónico: iceditorial@iceditorial.com
Internet: www.iceditorial.com

ISBN: 978-84-1184-952-4
Depósito Legal: MA-1143-2025

Impresión: PODiPrint
Impreso en Andalucía – España

Nota de la editorial: IC Editorial pertenece a Innovación y Cualificación S. L.

Presentación del manual

El **Certificado de Profesionalidad** es el instrumento de acreditación, en el ámbito de la Administración laboral, de las cualificaciones profesionales del Catálogo Nacional de Cualificaciones Profesionales adquiridas a través de procesos formativos o del proceso de reconocimiento de la experiencia laboral y de vías no formales de formación.

El elemento mínimo acreditable es la **Unidad de Competencia.** La suma de las acreditaciones de las unidades de competencia conforma la acreditación de la competencia general.

Una **Unidad de Competencia** se define como una agrupación de tareas productivas específica que realiza el profesional. Las diferentes unidades de competencia de un certificado de profesionalidad conforman la **Competencia General,** definiendo el conjunto de conocimientos y capacidades que permiten el ejercicio de una actividad profesional determinada.

Cada **Unidad de Competencia** lleva asociado un **Módulo Formativo,** donde se describe la formación necesaria para adquirir esa **Unidad de Competencia,** pudiendo dividirse en **Unidades Formativas.**

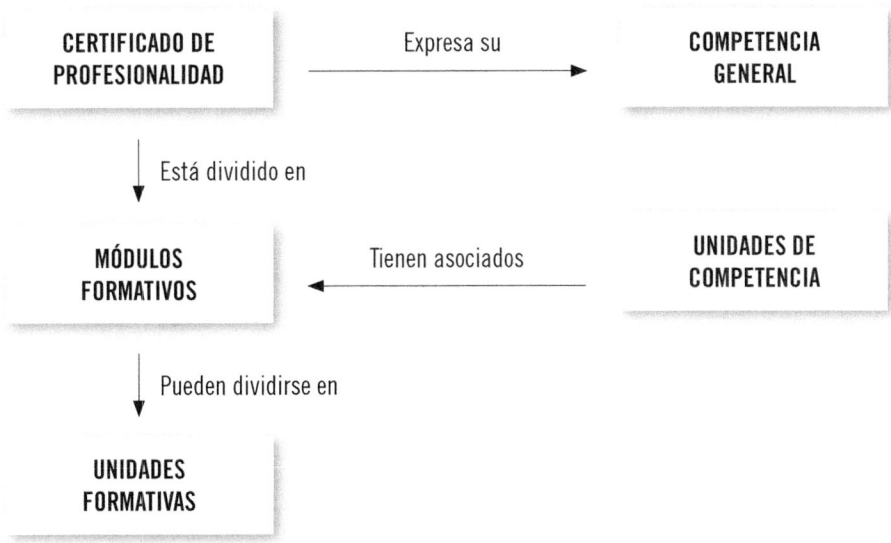

El presente manual desarrolla la Unidad Formativa **UFO422: Mantenimiento correctivo de instalaciones de climatización y ventilación-extracción,**

perteneciente al Módulo Formativo **MF1159_2: Mantenimiento de instalaciones de climatización y ventilación-extracción,**

asociado a la unidad de competencia **UC1159_2: Mantener instalaciones de climatización y ventilación-extracción,**

del Certificado de Profesionalidad **Montaje y mantenimiento de intalaciones de climatización y ventilación-extracción**

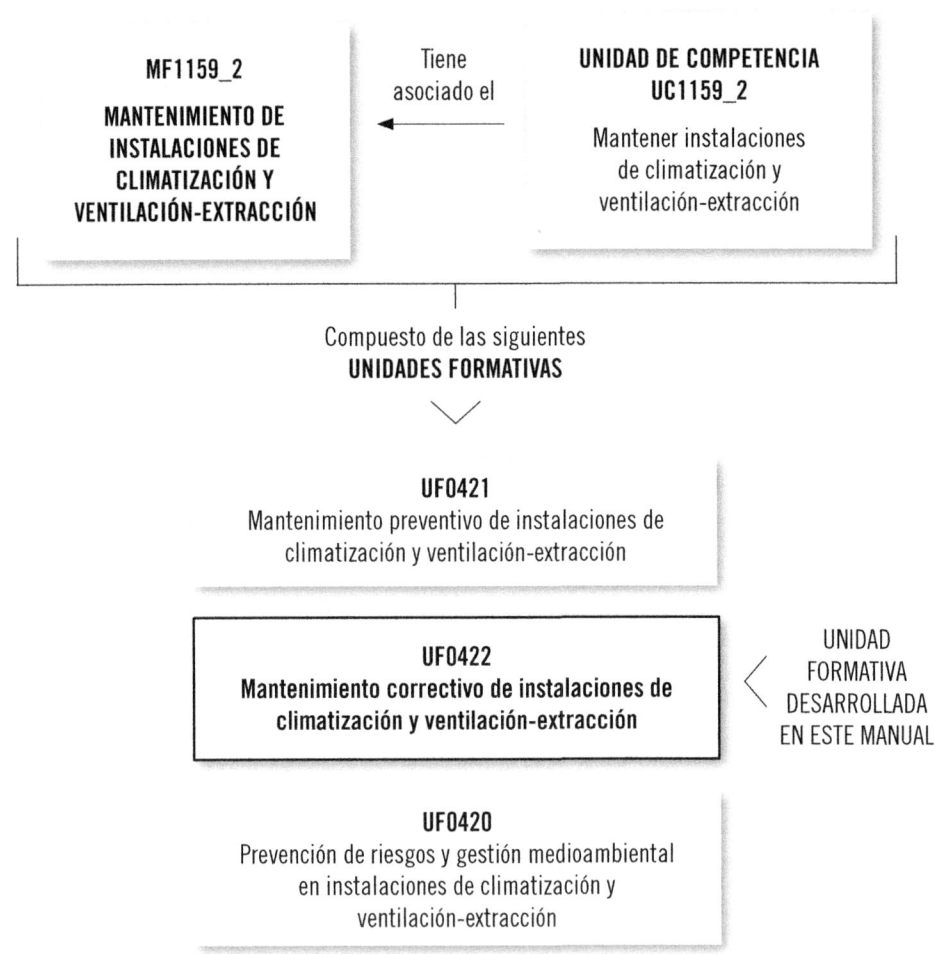

MF1159_2

MANTENIMIENTO DE INSTALACIONES DE CLIMATIZACIÓN Y VENTILACIÓN-EXTRACCIÓN

Tiene asociado el

UNIDAD DE COMPETENCIA UC1159_2

Mantener instalaciones de climatización y ventilación-extracción

Compuesto de las siguientes **UNIDADES FORMATIVAS**

UFO421
Mantenimiento preventivo de instalaciones de climatización y ventilación-extracción

UFO422
Mantenimiento correctivo de instalaciones de climatización y ventilación-extracción

UNIDAD FORMATIVA DESARROLLADA EN ESTE MANUAL

UFO420
Prevención de riesgos y gestión medioambiental en instalaciones de climatización y ventilación-extracción

FICHA DE CERTIFICADO DE PROFESIONALIDAD

(IMAR0208) MONTAJE Y MANTENIMIENTO DE INSTALACIONES DE CLIMATIZACIÓN Y VENTILACIÓN-EXTRACCIÓN

(R. D. 1375/2009, de 28 de agosto, modificado por el R. D. 715/2011, de 20 de mayo)

COMPETENCIA GENERAL: Realizar las operaciones de montaje, mantenimiento y reparación de instalaciones de climatización, ventilación-extracción y filtrado de aire, de acuerdo con los procesos y planes de montaje y mantenimiento, con la calidad requerida, cumpliendo con la normativa y reglamentación vigente, en condiciones de seguridad personal y medioambiental.

Cualificación profesional de referencia	Unidades de competencia	Ocupaciones o puestos de trabajo relacionados:
IMA0369_2 MONTAJE Y MANTENIMIENTO DE INSTALACIONES DE CLIMATIZACIÓN Y VENTILACIÓN EXTRACCIÓN (RD 182/2008 de 8 de febrero)	UC1158_2 Montar instalaciones de climatización y ventilación-extracción	▪ 7220.006.9 Instalador de aire acondicionado y ventilación ▪ 7613.015.7 Mecánico reparador de equipos industriales de refrigeración y climatización ▪ 7613.024.1 Instalador-ajustador de instalaciones de refrigeración y aire acondicionado ▪ 8163.017.6 Operador de planta de aire acondicionado ▪ 8163.016.5 Operador de planta de ventilación y calefacción ▪ Instalador-montador de equipos de climatización y ventilación-extracción en redes de distribución y equipos terminales ▪ Mantenedor-reparador de equipos de climatización y ventilación-extracción en redes de distribución y equipos terminales
	UC1159_2 Mantener instalaciones de climatización y ventilación-extracción	

Correspondencia con el Catálogo Modular de Formación Profesional

Módulos certificado	Unidades formativas	Horas U.F.
MF1158_2 Montaje de instalaciones de climatización y ventilación-extracción	UF0418: Organización y ejecución del montaje de instalaciones de climatización y ventilación-extracción	80
	UF0419: Puesta en marcha y regulación de instalaciones de climatización y ventilación-extracción	80
	UF0420: Prevención de riesgos y gestión medioambiental en instalaciones de climatización y ventilación-extracción	60
MF1159_2 Mantenimiento de instalaciones de climatización y ventilación-extracción	UF0421: Mantenimiento preventivo de instalaciones de climatización y ventilación-extracción	80
	UF0422: Mantenimiento correctivo de instalaciones de climatización y ventilación-extracción	80
	UF0420: Prevención de riesgos y gestión medioambiental en instalaciones de climatización y ventilación-extracción	60
MP0092: Módulo de prácticas profesionales no laborales		120

Índice

Capítulo 3
Reparación, ajuste de elementos de seguridad y recuperación de fluidos frigorígenos y lubricantes en instalaciones de climatización

Capítulo 4
Mantenimiento correctivo de instalaciones de ventilación-extracción

Capítulo 5
Puesta en servicio de las instalaciones de climatización y ventilación-extracción tras realizar el mantenimiento correctivo

Capítulo 1
Documentación técnica en el mantenimiento correctivo de instalaciones de climatización

Contenido

1. Introducción

Para el adecuado mantenimiento de instalaciones de climatización y ventilación-extracción, se hace preciso el conocimiento necesario para el ágil manejo y entendimiento de manuales y fichas técnicas de los distintos equipos utilizados, debido a la gran variedad existente en el mercado.

Estos documentos facilitarán en gran medida el conocimiento de las características de los equipos y materiales utilizados y ayudarán en la elección del equipo más adecuado, que mejor se adapte a la instalación a realizar, en función de los datos que ofrece la ficha técnica.

Por último, la documentación técnica suele dar útiles instrucciones y consejos para la adecuada instalación de dichos equipos, indicando las posibles labores de mantenimiento que pudieran ser necesarias para el adecuado funcionamiento del sistema de climatización o ventilación-extracción.

Se hace necesario un conocimiento de la normativa de aplicación a este tipo de instalaciones, que marca las líneas a seguir a la hora de realizar una instalación, así como durante la ejecución de su mantenimiento. Dicha normativa establece unos mínimos para asegurar la salud de los usuarios de este tipo de instalaciones, teniendo en cuenta otras normativas de aplicación genéricas, como pueden ser las normativas en materia de prevención de riesgos laborales o las referidas al medioambiente. Especial referencia se hará en este capítulo al Código técnico de edificación (CTE) que, en su sección HS 3 (exigencia básica HS 3), se refiere a la calidad del aire interior.

2. Manejo e interpretación de manuales, normativa y documentación técnica de los equipos y aparatos para el mantenimiento correctivo de instalaciones de climatización y ventilación-extracción

Un especialista no solo debe estar cualificado a nivel técnico. Además ha de estar familiarizado con la documentación técnica, manuales, etc., y estar al día de las continuas actualizaciones de la normativa.

2.1. Normativa en materia de climatización y ventilación-extracción

Se hace necesaria una normativa que regule las características de los lugares en los que las personas realizan sus actividades diarias. En concreto, aquí se tratará todo lo referente al medio gaseoso y sus características más importantes o factores ambientales, que son, entre otros:

- Composición del aire, manteniendo una concentración de contaminantes siempre inferior a unos máximos permitidos.
- Temperatura del aire, que debe estar entre unos rangos que aumenten la confortabilidad, dependiendo del uso para el que se diseña el lugar.
- Humedad del aire.
- Caudal de renovación del aire.

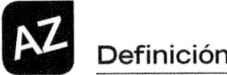 Definición

Contaminación del aire
Es cualquier alteración física o de composición que varíe las proporciones ideales para que este sea consumido sin presentar peligro para la salud de las personas.

Los contaminantes del aire pueden ser producidos de manera natural, por ejemplo el CO_2, que se produce en la respiración de cualquier ser vivo, o de manera artificial, como el SO_2, que se produce al quemar combustibles fósiles.

La normativa de aplicación se refiere fundamentalmente a lugares construidos o cerrados donde se hace posible controlar, de manera más o menos precisa, los parámetros indicados anteriormente y adaptarlos a los requerimientos. En lugares abiertos, no es posible controlar las características del aire.

Ejemplo

El lugar de trabajo de un agricultor es el aire libre, es decir, un lugar abierto donde no es posible controlar las características del aire. ¿Cómo podría un agricultor controlar la temperatura del aire que le rodea o evitar que dicho aire tenga polvo en suspensión? Esto no sería posible, sería él el que tendría que adaptarse al medio que le rodea: realizando su labor a horas tempranas para evitar altas temperaturas, en el primer caso, y portando una mascarilla filtrante si va a estar sometido a ambientes con alta concentración de partículas en suspensión, como se ha planteado en segundo lugar.

Reglamento de instalaciones térmicas en los edificios (RITE)

El alumno debe tener muy presente este amplio reglamento, que afecta directamente a sus futuras funciones relacionadas con la climatización de lugares cerrados. No será necesario entrar a tratar dicho reglamento a fondo en este primer capítulo, ya que sus distintos aspectos serán tratados a lo largo de todo este manual.

El Reglamento de instalaciones térmicas en los edificios (RITE) fue aprobado por el Real Decreto 1027/2007, de 20 de julio y ha sufrido posteriores modificaciones y correcciones necesarias para mantener la norma actualizada y acorde a las directivas europeas. Este reglamento marca, en su declaración de objetivos, como principal propósito el establecimiento de las exigencias de eficiencia energética y de seguridad que deben cumplir las instalaciones térmicas en los edificios destinadas a atender la demanda de bienestar e higiene de las personas, durante su diseño y dimensionado, ejecución, mantenimiento y uso, y la determinación de los procedimientos que permitan acreditar su cumplimiento.

 **Definición**

Instalación térmica

Según el RITE, es toda instalación fija de climatización (englobando las de calefacción, refrigeración y ventilación) o de producción de agua caliente sanitaria, destinada a atender la demanda de bienestar térmico e higiene de las personas.

Este reglamento incluye una serie de instrucciones técnicas a cumplir, que se dividen en cuatro:

- I.T. 1. Diseño y dimensionado.
- I.T. 2. Montaje.
- I.T. 3. Mantenimiento y uso.
- I.T. 4. Inspección.

Estas instrucciones técnicas son de especial interés para el técnico que realice tanto la instalación como el mantenimiento de este tipo de instalaciones, ya que en ellas se describen una serie de pautas o requisitos importantes que deben cumplirse.

Código técnico de edificación (CTE)

Cabe destacar lo indicado en el CTE, haciendo referencia especial a su parte dedicada al desarrollo de las exigencias básicas de salubridad (HS "higiene, salud y protección del medioambiente"), en concreto a la sección HS3, "Calidad del aire interior", de la que se extraerá lo más destacable.

Así, establece dentro de sus objetivos, como exigencia básica para dicha sección, lo siguiente:

Los edificios dispondrán de medios para que sus recintos se puedan ventilar adecuadamente, eliminando los contaminantes que se produzcan de forma habitual durante el uso normal de los edificios, de forma que se aporte un caudal suficiente de aire exterior y se garantice la extracción y expulsión del aire viciado por los contaminantes.

Para limitar el riesgo de contaminación del aire interior de los edificios y del entorno exterior en fachadas y patios, la evacuación de productos de combustión de las instalaciones térmicas se producirá, con carácter general, por la cubierta del edificio, con independencia del tipo de combustible y del aparato que se utilice, de acuerdo con la reglamentación específica sobre instalaciones térmicas.

En el segundo párrafo, indica que no basta con ventilar adecuadamente, sino que además es necesario hacerlo de manera que se evite el regreso del contaminante o pueda afectar las proximidades habitadas.

 Ejemplo

En el caso de que la boca que toma aire exterior estuviera en las proximidades de la salida del conducto de extracción, se podría recircular parte del aire expulsado, con la posibilidad de aumentar la concentración de contaminantes en el interior.

Continuando con el CTE, en su ámbito de aplicación, indica lo siguiente:

Esta sección se aplica, en los edificios de viviendas, al interior de las mismas, los almacenes de residuos, los trasteros, los aparcamientos y garajes; y, en los edificios de cualquier otro uso, a los aparcamientos y los garajes. Se considera que forman parte de los aparcamientos y garajes las zonas de circulación de los vehículos.

Se refiere, por tanto, en general a cualquier espacio edificado habitable o de tránsito humano que pudiera ser contaminado.

Para cuantificar las exigencias mínimas de ventilación en los distintos locales de una vivienda se utiliza la siguiente tabla.

EXIGENCIAS MÍNIMAS DE VENTILACIÓN

		Caudal de ventilación exigido q_v en l/s		
		Por ocupante	Por m² útil	En función de otros parámetros
Locales	Dormitorios	5		
	Salas de estar y comedores	3		
	Aseos y cuartos de baño			15 por local
	Cocinas		2	
				50 por local[1]
	Trasteros y sus zonas comunes		0,7	
	Aparcamientos y garajes			120 por plaza
	almacenes de residuos		10	

(1) Este es el caudal correspondiente a la ventilación adicional exigida de la cocina

 ## Nota

Es importarte observar que el dato que se obtiene es en litros por segundo (l/s), que se han de multiplicar por el número de ocupantes, por los metros cuadrados (m²) o por otros parámetros, según se indica.

Como norma a aplicar, se entenderá que los dormitorios dobles tendrán dos ocupantes y los dormitorios simples un solo ocupante y que en las salas y comedores el número de ocupantes será igual a la suma de todos los ocupantes de todos los dormitorios de la vivienda.

Para el diseño de la instalación, el CTE establece unas condiciones generales en la ventilación de los locales, que son las siguientes:

1. Las viviendas han de disponer de un sistema general de ventilación, pudiendo ser esta híbrida o mecánica.

Las características fundamentales de esta ventilación, que el CTE indica, son:

a. *el aire debe circular desde los locales secos a los húmedos; para ello, los comedores, los dormitorios y las salas de estar deben disponer de aberturas de admisión; los aseos, las cocinas y los cuartos de baño deben disponer de aberturas de extracción; las particiones situadas entre los locales con admisión y los locales con extracción deben disponer de aberturas de paso;*

b. *los locales con varios usos de los del punto anterior, deben disponer en cada zona destinada a un uso diferente de las aberturas correspondientes;*

c. *como aberturas de admisión, se dispondrán aberturas dotadas de aireadores o aperturas fijas de la carpintería, como son los dispositivos de microventilación con una permeabilidad al aire según UNE EN 12207:2000 en la posición de apertura de clase 1; no obstante, cuando las carpinterías exteriores sean de clase 1 de permeabilidad al aire según UNE EN 12207:2000, pueden considerarse como aberturas de admisión las juntas de apertura;*

d. *cuando la ventilación sea híbrida, las aberturas de admisión deben comunicar directamente con el exterior;*

e. *los aireadores deben disponerse a una distancia del suelo mayor que 1,80 m;*

f. *cuando algún local con extracción esté compartimentado, deben disponerse aberturas de paso entre los compartimentos; la abertura de extracción debe disponerse en el compartimento más contaminado que, en el caso de aseos y cuartos de baños, es aquel en el que está situado el inodoro y, en el caso de cocinas, es aquel en el que está situada la zona de cocción; la abertura de paso que conecta con el resto de la vivienda debe estar situada en el local menos contaminado;*

g. *las aberturas de extracción deben conectarse a conductos de extracción y deben disponerse a una distancia del techo menor que 200 mm y a una distancia de cualquier rincón o esquina vertical mayor que 100 mm;*

h. *un mismo conducto de extracción puede ser compartido por aseos, baños, cocinas y trasteros.*

A continuación, se muestra cómo quedarían sobre el plano los sistemas de ventilación (forzada-natural) en dos viviendas distintas, con las condiciones marcadas anteriormente.

Planos de sistema de ventilación. Simbología del CTE

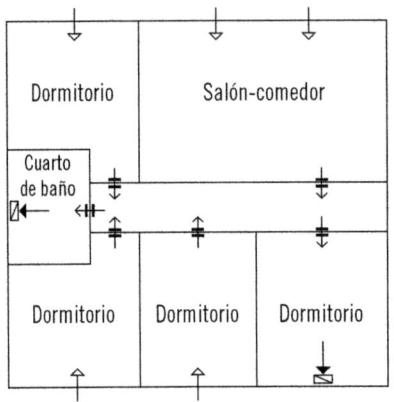 

⬆ Abertura de admisión   ↑ Abertura de extracción   ⊠ Conducto de extracción   ╪ Abertura de paso

Imagen: Planos de sistemas de ventilación. Simbología del CTE

2. Las cocinas, dormitorios, comedores y salas de estar deben estar provistas de un sistema de ventilación natural. Este constará al menos de una ventana o puerta que den paso al exterior.

3. En las cocinas será necesaria la instalación de un sistema de extracción mecánica adicional, para evitar las contaminaciones que se dan en la utilización propia de este local. Este sistema de extracción constará de un extractor mecánico y unido a un conducto específico para este único uso.

 Definición

Ventilación natural

Ventilación en la que la renovación del aire se produce exclusivamente por la acción del viento o por la existencia de un gradiente de temperaturas entre el punto de entrada y el de salida.

Continúa en página siguiente >>

<< Viene de página anterior

Ventilación mecánica

Ventilación en la que la renovación del aire se produce por el funcionamiento de aparatos electro-mecánicos dispuestos al efecto. Puede ser con admisión mecánica, con extracción mecánica o equilibrada.

Ventilación híbrida

Ventilación en la que, cuando las condiciones de presión y temperatura ambientales son favorables, la renovación del aire se produce como en la ventilación natural y, cuando son desfavorables, como en la ventilación con extracción mecánica.

Abertura de admisión

Abertura de ventilación que sirve para la admisión, comunicando el local con el exterior, directamente o a través de un conducto de admisión.

Abertura de extracción

Abertura de ventilación que sirve para la extracción, comunicando el local con el exterior, directamente o a través de un conducto de extracción.

Abertura de paso

Abertura de ventilación que sirve para permitir el paso de aire de un local a otro contiguo.

Conducto de extracción

Conducto que sirve para sacar el aire viciado al exterior.

 Aplicación práctica

Suponga que le proporcionan el plano de una vivienda donde usted, como profesional, debe simbolizar las aperturas y conductos necesarios para ajustarse a la legislación.

También le piden, para facilitar el trabajo del instalador, que determine para cada habitación el caudal de ventilación mínimo que la ley indica.

El plano y los datos que le aportan son los siguientes:

Continúa en página siguiente >>

<< Viene de página anterior

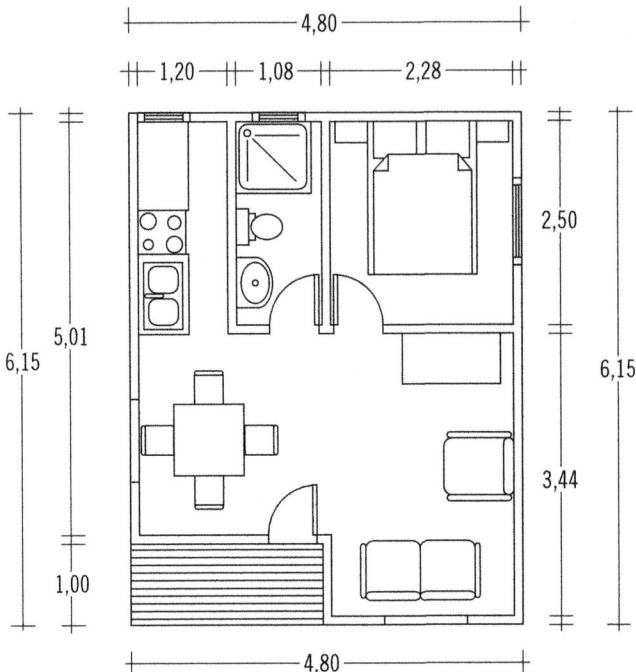

Es un piso donde convive una pareja, que consta de un dormitorio, una cocina, un baño y un salón-comedor.

Solución

Para la primera cuestión, que consiste simplemente en simbolizar las aperturas y conductos para esta vivienda, se utilizará la simbología del código CTE. Las flechas irán colocadas en la dirección que el flujo de aire debería seguir. Como se observa sobre el plano, es algo bastante fácil, la única dificultad la podrían presentar las aberturas de paso del cuarto de baño que van hacia el interior de este (siempre de la zona más seca a la zona más húmeda).

Continúa en página siguiente >>

<< Viene de página anterior

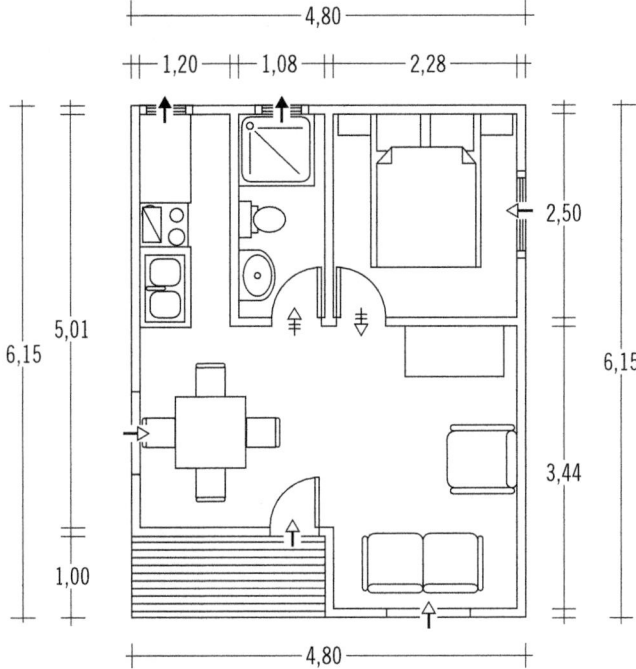

Para el cálculo del caudal mínimo de ventilación, se utilizará la tabla del CTE, donde se indica:

▌ Dormitorios, 5 l/s por habitante: 2 x 5 = 10 l/s.
▌ Salas de estar y comedores, 3 l/s por habitante: 2 x 3 = 6 l/s.
▌ Cocinas, 2 l/s por m²: 1,20 x 2,50 = 3 m² // 3 x 2 = 6 l/s.
▌ Cuartos de baño, por local: 15 l/s.

Hay que tener en cuenta si los litros por segundo que se indican van en función del n.º de habitantes, m², etcétera.

Tras las condiciones generales, se entra a especificar y cuantificar las condiciones específicas en los sistemas de ventilación para almacenes de residuos, trasteros, aparcamientos y garajes, incluidos todos ellos en el ámbito de aplicación de esta norma.

Se diferencian y caracterizan, para cada uno de estos lugares, los medios de ventilación natural y los medios de ventilación mecánica que deben disponerse en función de las características del local.

Continúa en página siguiente >>

<< Viene de página anterior

Es recomendable la consulta, para ampliar información, del apartado 3.1 de la sección HS3 del CTE, donde se indicarán las particularidades concretas que deben cumplir los posibles elementos componentes de una instalación de ventilación-extracción, que son:

I Aberturas y bocas de ventilación.
I Conductos de admisión.
I Conductos de extracción para ventilación híbrida.
I Conductos de extracción para ventilación mecánica.
I Aspiradores híbridos, aspiradores mecánicos y extractores.
I Ventanas y puertas exteriores.
I Aperturas.
I Conductos de extracción.
I Sistemas de ventilación mecánicos.

Una vez descritas las características de los componentes utilizados, su adecuada ubicación y montaje en el sistema de ventilación-extracción, el CTE especifica que no es necesaria una prueba final de la instalación (aunque sí recomendable) e indica las operaciones de mantenimiento y conservación y su periodicidad para los componentes del sistema.

OPERACIONES DE MANTENIMIENTO

Elemento	Operación	Periodicidad
Conductos	Limpieza	1 año
	Comprobación de la estanqueidad aparente	5 años
Aberturas	Limpieza	1 año
Aspiradores híbridos, mecánicos y extractores	Limpieza	1 año
	Revisión del estado de funcionalidad	5 años
Filtros	Revisión del estado	6 meses
	Limpieza o sustitución	1 año
Sistemas de control	Revisión del estado de sus automáticos	2 años

Disposiciones mínimas de seguridad y salud en los lugares de trabajo

Otra normativa que de interés es el Real Decreto 486/97, de 14 de abril, por el que se establecen las disposiciones mínimas de seguridad y salud en los lugares de trabajo, de conformidad con la Ley de Prevención de Riesgos Laborales, Ley 31/1995, de 8 de noviembre. En concreto, se hará mención al Anexo III, denominado Condiciones ambientales de los lugares de trabajo.

Este anexo comienza exponiendo que los distintos factores ambientales no podrán en riesgo la seguridad y salud de los trabajadores. Asimismo y en la medida de lo posible, las condiciones ambientales de los lugares de trabajo no deben constituir una fuente de incomodidad o molestia para los trabajadores. A tal efecto, deberán evitarse las temperaturas y las humedades extremas, los cambios bruscos de temperatura, las corrientes de aire molestas, los olores desagradables, la irradiación excesiva y, en particular, la radiación solar a través de ventanas, luces o tabiques acristalados.

Estos factores ambientales a los que se hace mención (temperatura, humedad, corrientes de aire, olores, etcétera) son controlables en lugares cerrados (no solamente en lugares de trabajo) mediante las instalaciones que en este manual se tratan: climatización y ventilación-extracción.

Son de interés las condiciones para los lugares de trabajo, donde se dice que los distintos factores que afectan al ambiente que rodea a las personas deben mantenerse dentro de unos rangos.

 Nota

Como es lógico, los rangos ambientales que la normativa indica se marcan en función del uso que se le da al local que se pretende climatizar.

En el R. D. 486/97 que establece las disposiciones mínimas de seguridad y salud en los lugares de trabajo, se indica que:

▪ *La temperatura de los locales donde se realicen trabajos sedentarios propios de oficinas o similares estará comprendida entre 17 y 27 °C.*

▪ *La temperatura de los locales donde se realicen trabajos ligeros estará comprendida entre 14 y 25 °C.*

▪ *La humedad relativa estará comprendida entre el 30 y el 70 %, excepto en los locales donde existan riesgos por electricidad estática, en los que el límite inferior será el 50 %.*

▪ *Los trabajadores no deberán estar expuestos de forma frecuente o continuada a corrientes de aire cuya velocidad exceda los siguientes límites:*

  ▪ *Trabajos en ambientes no calurosos: 0,25 m/s.*

  ▪ *Trabajos sedentarios en ambientes calurosos: 0,5 m/s.*

  ▪ *Trabajos no sedentarios en ambientes calurosos: 0,75 m/s.*

Estos límites no se aplicarán a las corrientes de aire expresamente utilizadas para evitar el estrés en exposiciones intensas al calor, ni a las corrientes de aire acondicionado, para las que el límite será de 0,25 m/s en el caso de trabajos sedentarios y 0,35 m/s en los demás casos.

La renovación mínima del aire de los locales de trabajo, será de treinta metros cúbicos de aire limpio por hora y trabajador, en el caso de trabajos sedentarios en ambientes no calurosos ni contaminados por humo de tabaco y de cincuenta metros cúbicos, en los casos restantes, a fin de evitar el ambiente viciado y los olores desagradables.

Es importante saber también que se deben tener en cuenta las características concretas del lugar, las operaciones que en este se desarrollan y el clima de la zona, debiendo siempre adecuar el aislamiento térmico a dichas condiciones.

Como ya se comentó, en los trabajos en lugares no cerrados, se deberán implantar las medidas posibles para que los trabajadores puedan protegerse de las inclemencias del tiempo.

Real Decreto 115/2017, de 17 de febrero. Referente a gases fluorados

Los gases fluorados son compuestos muy utilizados en climatización, pero con un alto poder contaminante. De ahí esta norma, por la que se regula la comercialización y manipulación de gases fluorados y equipos basados en los mismos, así como la certificación de los profesionales que los utilizan y por el que se establecen los requisitos técnicos para las instalaciones que desarrollen actividades que emitan gases fluorados.

El mantenimiento de equipos con gases fluorados solo podrá ser llevado a cabo por personal certificado, dejando registro de toda actividad relativa a estos equipos.

Estar en posesión de este certificado, habilita para:

a. Instalación de equipos con sistemas frigoríficos de cualquier carga de refrigerantes fluorados.
b. Mantenimiento o revisión de equipos con sistemas frigoríficos de cualquier carga de refrigerantes fluorados, incluida carga y recuperación de refrigerantes fluorados.
c. Certificación del cálculo de la carga de gas en equipos con sistemas frigoríficos de refrigerantes fluorados.
d. Manipulación de contenedores de gas fluorados refrigerantes.
e. Control de fugas de refrigerantes de acuerdo al Reglamento (CE) n.º 1516/2007 de la Comisión, de 19 de diciembre de 2007.
f. Desmontaje.

PARTE A)

DECLARACIÓN DEL COMERCIALIZADOR DE EQUIPOS NO HERMETICAMENTE SELLADOS Y CARGADOS CON GASES FLUORADOS DE EFECTO INVERNADERO QUE REQUIEREN SER INSTALADOS POR EMPRESAS HABILITADAS CON PERSONAL CERTIFICADO PARA SU INSTALACIÓN.

DATOS DEL COMPRADOR DEL EQUIPO

Nombre y apellidos/ Razón social		NIF/DNI	
Domicilio			
CP		Localidad		Provincia	

DATOS DEL EQUIPO

Marca	
Modelo	
Número de serie	
Cantidad y tipo de gas	

DECLARACIÓN

Declaro que he informado al comprador de un equipo no herméticamente sellado y cargado con gases fluorados de la obligación de que la instalación de este equipo se lleve a cabo por parte de una empresa habilitada con personal certificado para su instalación conforme al Real Decreto 115/2017, de 17 de febrero, y el Reglamento (UE) 517/2014, sobre gases fluorados de efecto invernadero así como su obligación de remitirme en un plazo de un año declaración acreditativa del cumplimiento de este requisito legal.

Asimismo, se le ha informado al comprador las responsabilidades que se derivarán en caso de incumplimiento de esta obligación legal

En .... a .... de .... de ....

Firma del comercializador del equipo   Firma del comprador del equipo

Documentos en el caso de comercialización de equipos no herméticamente sellados que contengan gases fluorados

2.2. Manuales y documentación técnica

En la actualidad, el mercado ofrece multitud de equipos y accesorios de distintas marcas, que compiten por hacerse hueco y llamar la atención de usuarios e instaladores, posibles compradores de su producto.

Logotipos de algunas marcas de equipos de climatización

Un verdadero profesional ha de ser capaz de analizar las distintas opciones posibles, eligiendo la más favorable y la que mejor se adapte a las características de una determinada instalación.

Otros aspectos, no del todo técnicos, pero no por ello de menor importancia, a valorar al elegir un aparato son:

- El rendimiento del equipo o la relación entre el consumo de electricidad y la capacidad de la unidad en vatios (W), que puede representar importantes ahorros en el coste energético.
- El ruido: la reducción de los niveles sonoros incrementa el confort ambiental.
- La comodidad y las prestaciones.
- La facilidad en el manejo de la unidad mediante el mando a distancia y las funciones que incorpore la unidad, como son la programación horaria, la función de parada nocturna, que optimiza el bienestar de acuerdo con las variaciones del metabolismo humano, la selección de la dirección de la persiana de aire para optimizar la distribución del aire en la habitación y también la regulación de la temperatura deseada.

- Otra opción muy interesante es que el equipo sea inteligente, o lo que es lo mismo, un equipo conectado, abriendo las puertas a controlarlo mediante la voz, integrarlo en la domótica doméstica para que entre en acción cuando la temperatura de una estancia alcance la consigna o controlarlo a distancia, incluso cuando no se esté en casa.
- Conectividad, con la posibilidad de que el equipo se pueda manejar o se conecte a otros equipos por medio de *bluetooth,* wifi u otro medio.

El rendimiento es la relación entre la potencia útil o aprovechable y la que absorbe la máquina.

El rendimiento, expresado en tanto por ciento, indica el porcentaje de energía que se aprovecha, es decir, indica si la máquina es adecuada al trabajo que realiza. Por ejemplo, si, para realizar una determinada función como desplazarse al trabajo, sería menos eficiente desplazarse en un camión, comparado con desplazarse en un ciclomotor, que para el mismo trayecto consumiría menos combustible.

El rendimiento es un valor entre 0 y 1. Una máquina muy eficiente tiene un rendimiento cercano a 1. Una máquina poco eficiente tiene un rendimiento bajo. Por ejemplo, si el rendimiento de una máquina es 0,95 (R = 0,95), dicha máquina será muy eficiente. Si el rendimiento de una máquina es 0,4 (R = 0,4), dicha máquina será poco eficiente.

El rendimiento se indica a veces en tanto por ciento, como ya se ha comentado, igual que en el ejemplo anterior, pero este valor aparecerá multiplicado por 100. Por ejemplo, si un equipo de aire acondicionado rinde 3.000 W de potencia y consume 3.400 W de energía eléctrica, su rendimiento será de:

$$3.000 / 3.400 = 0,88 = 88 \%$$

En equipos de climatización, la potencia calorífica útil es mayor que la eléctrica suministrada al equipo, ya que a la potencia útil se le suma la energía tomada del exterior. A este rendimiento se le denomina coeficiente de prestaciones COP y su valor suele oscilar entre 2 y 5.

Finalmente, hay que destacar un factor nada técnico, pero que es uno de los más determinantes a la hora de elegir un equipo o elemento: el precio del equipo. Este no siempre es directamente proporcional a la calidad o prestaciones ofrecidas, ya que se ve influido por multitud de variables de mercado.

Por ello, sería más correcto hacer una elección basada en la relación calidad-precio, en la que se valoran elementos técnicos y de mercado conjuntamente.

En este manual se tratará de dar al alumno la formación necesaria para poder discriminar en la elección técnica de un determinado equipo y que se adapte a sus necesidades.

La mejor herramienta para conocer las características y prestaciones de una máquina son los manuales y la documentación técnica que los fabricantes ofrecen.

Los manuales y las fichas técnicas se pueden conseguir dirigiéndose a fabricantes y distribuidores, pero la opción mas cómoda, que en la actualidad ofrece prácticamente la totalidad de las marcas existentes en el mercado, es conseguirlos descargándolos a través de su página web.

La ficha técnica

Cada marca comercial ofrece información técnica sobre sus productos. Aunque, como es lógico, en distintos formatos, esta información va a ser muy similar para un mismo tipo de aparatos.

Los equipos y materiales empleados para climatización y ventilación-extracción son muchos y muy variados (desde un simple extractor de cocina doméstico a un equipo de ventilación-extracción centralizado para procesos industriales, desde un split mural normal para enfriar a un sistema de climatización mediante aerotermia, etcétera) y cada uno tendrá sus características técnicas y/o su manual propio.

Las principales características técnicas de un equipo se especifican en catálogos que el fabricante ofrece, donde se pueden ver las distintas opciones que dicha marca ofrece para una función. Estos catálogos se pueden dividir o subdividir, por ejemplo en **gama doméstica** y **gama industrial,** para necesidades distintas.

En el mismo catálogo aparecen multitud de equipos, cada uno con su ficha técnica, pero los datos aportados en sus fichas técnicas son los mismos. Incluso si se compara con otro fabricante, aunque el formato visual de la ficha técnica se diferencie, los datos aportados van a ser muy similares.

Esta uniformidad que ofrecen los fabricantes en las características de sus equipos facilita el poder comparar los principales parámetros entre unos equipos y otros.

En las siguientes imágenes de catálogos, se pueden ver ver las fichas técnicas de unos cuantos split murales de un par de fabricantes.

Serie AR-35 Silver

Modelo			Capacidad nominal		Clasif. energética		Refrig.	Dimensiones netas AxHxP (mm)	
Pack	Unidad interior	Unidad exterior	Frío (W)	Calor (W)	SEER	SCOP	Tipo	Interior	Exterior
F-AR09ART	AR09TXHQASINEU	AR09TXHQASIXEU	2.600	3.000	6,3 (A++)	4,0 (A+)	R32	820 x 285 x 194	720 x 495 x 270
F-AR12ART	AR12TXHQASINEU	AR12TXHQASIXEU	3.500	3.800	6,1 (A++)	3,9 (A)	R32	820 x 285 x 194	720 x 495 x 270
F-AR18ART	AR18TXHQASINEU	AR18TXHQASIXEU	5.200	5.200	7,1 (A++)	4,0 (A+)	R32	957 x 302 x 213	800 x 554 x 333
F-AR24ART	AR24TXHQASINEU	AR24TXHQASIXEU	7.000	7.300	6,1 (A++)	3,9 (A)	R32	1.040 x 327 x 220	845 x 702 x 363

Ficha Técnica del Aire Acondicionado Split 1x1 Samsung F-AR09ART

La principal información es común:

1. Tipo de gas refrigerante.
2. Eficiencia del equipo.
3. Capacidad frigorífica*.
4. Capacidad calorífica*.
5. Dimensiones.
6. Presión o nivel sonoro.
7. Principales rasgos del equipo. El primero los ofrece de manera visual, a través de unos iconos que deben estar caracterizados en un índice, y

el segundo da la información directamente (compresor invertir, mando a distancia, modo nocturno, etcétera).

*Mucho cuidado con las unidades de potencia, capacidad calorífica y capacidad frigorífica. Solo se pueden comparar estos parámetros en las mismas unidades. Para ello, si es necesario, habrá que hacer una conversión de unidades.

$$
\begin{array}{ll}
1\ W = 0,86\ Kcal/h & 1\ BTU = 253\ Kcal \\
1\ Kcal/h = 1,6\ W & 1\ BTU/h = 253\ Kcal/h
\end{array}
$$

Donde:

- W = vatio.
- Kcal/h = kilocalorías por hora.
- BTU = British Termal Unit (es una unidad inglesa de energía).

Una vez elegido el aparato que mejor se ajuste a las necesidades, el manual de este es el documento adecuado para ampliar la información en cualquier aspecto que pueda interesar.

 Aplicación práctica

Se dispone a instalar un equipo de aire acondicionado para una sala que necesita de un equipo de unas tres mil frigorías (3.000 frig). El cliente ha consultado catálogos de distintas marcas y duda entre dos de ellas, ya que ambas gozan de buen prestigio en el mercado y el precio es prácticamente el mismo.

Aquí tiene las fichas técnicas de los equipos a comparar:

Continúa en página siguiente >>

<< Viene de página anterior

ETHEREA // INVERTER + // PLATEADO / BLANCO

KIT	Capacidad frigorífica Nominal (Min-Max) kW	EER Nominal (Min-Max)	Capacidad calorífica Nominal (Min-Max) kW	COP Nominal (Min-Max)	Consumo en frío/calor Nominal (Min-Max) kW	Presión sonora frío/calor dB (A)	Dimensiones interior mm (Al x An x Pr)	Dimensiones exterior mm (Al x An x Pr)
KIT-XE7-LKE / E7-LKE	2,05 (0,70-2,40)	4,36 (4,12-4,14) [A]	2,80 (0,70-4,00) [A]	4,41 (4,38-3,92) [A]	0,47 (0,17-0,58) / 0,635 (0,16-1,02)	20 / 20	290 x 870 x 204	540 x 780 x 289
KIT-XE9-LKE / E9-LKE	2,50 (0,80-3,00)	4,67 (4,57-4,11) [A]	3,40 (0,80-5,00) [A]	4,63 (4,85-3,85) [A]	0,535 (0,175-0,73) / 0,735 (0,165-1,30)	20 / 20	290 x 870 x 204	540 x 780 x 289
KIT-XE12-LKE / E12-LKE	3,50 (0,80-4,00)	4,07 (4,32-3,54) [A]	4,00 (0,80-6,00) [A]	4,21 (4,57-3,51) [A]	0,86 (0,185-1,13) / 0,950 (0,175-1,71)	20 / 20	290 x 870 x 204	540 x 780 x 289
KIT-XE15-LKE / E14-LKE	4,20 (0,80-5,00)	3,33 (4,10-3,18) [A]	5,30 (0,80-6,80) [A]	3,68 (4,32-3,51) [A]	1,26 (0,195-1,570) / 1,44 (0,185-1,940)	25 / 29	290 x 870 x 204	540 x 780 x 289
KIT-XE18-LKE / E18-LKE	5,00 (0,90-6,00)	3,40 (4,19-2,96) [A]	5,80 (0,90-8,00) [A]	3,77 (3,67-3,08) [A]	1,47 (0,215-2,03) / 1,54 (0,245-2,680)	34 / 34	290 x 1070 x 235	750 x 875 x 345
KIT-XE21-LKE / E21-LKE	6,30 (0,90-7,10)	2,85 (4,19-2,80) [A]	7,20 (0,90-8,50) [C]	3,43 (3,67-3,09) [B]	2,21 (0,215-2,54) / 2,10 (0,245-2,75)	34 / 34	290 x 1070 x 235	750 x 875 x 345
KIT-E24-LKE	6,80 (0,90-8,10)	3,21 (2,57-3,0) [A]	8,60 (0,90-9,90) [A]	3,23 (2,50-3,09) [C]	2,12 (0,35-2,7) / 2,66 (0,36-3,20)	35 / 35	290 x 1070 x 235	750 x 875 x 345
KIT-E28-LKE	7,65 (0,90-8,60)	3,01 (2,57-2,92) [B]	9,60 (0,90-11,00) [D]	2,91 (2,50-2,93) [D]	2,54 (0,35-2,95) / 3,30 (0,36-3,75)	35 / 35	290 x 1070 x 235	750 x 875 x 345

Modelos	Capacidad frigorífica kW (Fg / h)	Capacidad Calorífica kW (kcal/h)	Consumo Nominal Frío/Calor (kW)	Dimensiones AxlxF (mm)		Presión Sonora mín. / nom. / máx dB (A) U. Int. / U. Ext.	Eficiencia energética Frío	Calor
				Unidad Interior	Unidad Exterior			
Serie 16 - Murales 1x1								
SDH 16-025 NW	2,6 (2.268)	2,93 (2.520)	0,63 / 0,69	290 x 905 x 165	590 x 760 x 285	22-28-34-38 / 52-57	A	A
SDH 16-035 NW	3,52 (3.024)	3,81 (3.277)	0,88 / 0,95	290 x 905 x 165	590 x 760 x 285	22-28-34-38 / 52-57	A	A

Continúa en página siguiente >>

<< Viene de página anterior

Nota: El COP (coefficient of performance) es una medida de rendimiento que relaciona la potencia nominal que produce en forma de calor y la potencia eléctrica nominal consumida.

Debe saber que: 1.000 W = 860 frig.

SOLUCIÓN

Del primer catálogo, se fija en el modelo KIT-XE12-LKE y, del segundo, en el SDH 16-035NW, ya que ambos se ajustan a las necesidades concretas para climatizar el lugar en cuestión (hay que pasar las 3.000 frig a kW, con lo que se sabe que se necesitan entorno a 3.500 W = 3,5 kW).

Ambos son de eficiencia energética "A" para calor y frío. Es posible fijarse también en la presión sonora y dimensiones, pero el principal parámetro a comparar es el COP (coefficient of performance).

La primera tabla lo proporciona directamente: 4,21.

La segunda no lo proporciona, pero se puede calcular fácilmente de la siguiente manera:

$$\text{Potencia calorífica} / \text{Consumo nominal} = 3,81 \text{ kW} / 0,95 \text{ kW} = 4,01.$$

Se escogería el aparato con mayor COP o, lo que es lo mismo, el de mayor rendimiento.

Manuales

Los manuales se dividen en dos:

- Manual de instalación.
- Manual del usuario.

En principio, se diferencian por la persona que se dirigen, como su nombre indica, instalador o usuario. Pero, a continuación, se van a diferenciar otros aspectos, con una breve descripción de la información que aporta cada uno de ellos.

Manual de instalación

En principio, suelen hacer referencia al uso adecuado y seguro. Presentan la siguiente información:

- Condiciones extremas de funcionamiento.
- Una declaración de conformidad, donde el fabricante declara que el aparato ha sido diseñado y construido conforme a la normativa vigente para obtener la marca CE.
- Descripción exhaustiva de los aparatos: dimensiones, peso, conexiones, conductos, accesorios, especificaciones técnicas (igual o más datos que la ficha técnica), etcétera.

Indicaciones de advertencia de peligro

¡PELIGRO!
Peligro directo para la vida y la salud

¡PELIGRO!
Peligro de descarga eléctrica

¡ATENCIÓN!
Situación peligrosa posible para el producto y el medio ambiente

¡NOTA!
Información e indicaciones útiles

Condiciones nominales

REFRIGERACIÓN   **CALEFACCIÓN**

Exterior

50° C.D.B.

24° C.D.B.

-15° C.D.B.   -15° C.D.B.

Exterior

30° C.D.B.

30° C.D.B.

17° C.D.B.   17° C.D.B.

Elementos

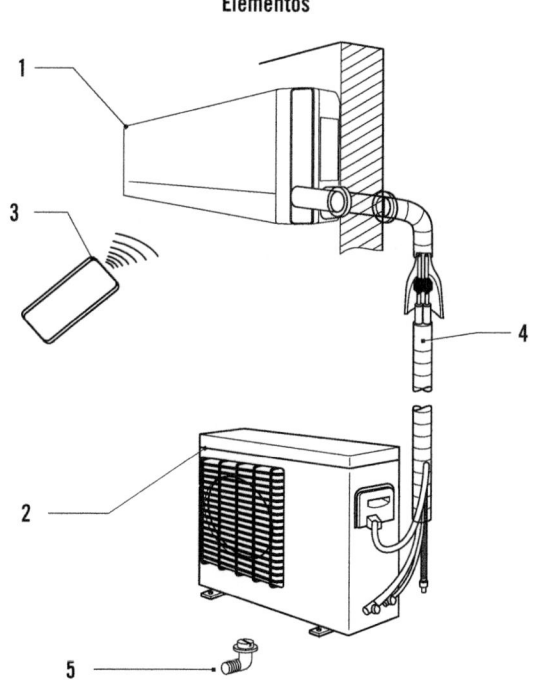

1 Unidad interior   4 Conexiones y conductos
2 Unidad exterior   5 Tubo drenaje agua condensada
3 Mando a distancia

Características técnicas

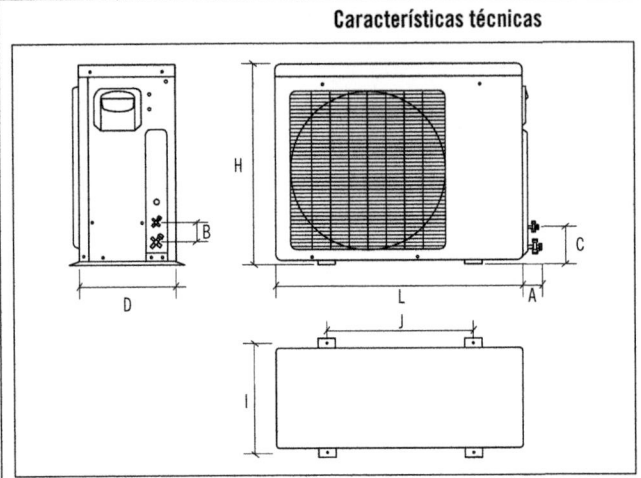

Leyenda

H Altura
L Anchura
D Profundidad
A Longitud de las válvulas
B Distancia entre las válvulas
C Distancia de la segunda válvula al suelo
I Distancia entre orificios de fijación
J Distancia entre soportes de fijación

MODELO	H	L	D	A	B	C	I	J	kg
16-025 NHWO	590	760	285	60	60	145	290	530	38
16-035 NHWO	590	760	285	60	60	145	290	530	39

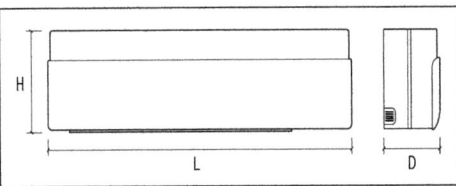

Leyenda

H Altura
L Anchura
D Profundidad

MODELO	H	L	D	kg
16-025 NHWO	590	905	165	10
16-035 NHWO	590	905	165	10

No		Accesorio	Cant.
Unidad exterior			
1		Mando	1
2		Soporte del mando	1
3		Pilas	2
4		Placa de montaje	1
5		Tubo de montaje	1
Unidad interior			
1		Codo de evacuación	1
2		Amoriguador	4
3		Capucha de goma	

	Unidades	SDH 16-025 NW	SDH 16-035 NW
Alimentación	V/Ph/Hz	230/1/50	
Capacidad frigorífica	kW	2,64	3,52
Potencia absorbida	kW	0,63	0,88
Corriente de trabajo	A	3,20	4,00
Capacidad calorífica	kW	2,93	3,81
Potencia absorbida	A	0,69	0,95
Corriente de trabajo		3,50	4,30
Unidad interior			
Caudal de aire	m³/h	350/450/600	350/450/600
Presión sonora	dB(A)	22/28/34/38	22/28/34/38
Unidad exterior			
Caudal de aire	m³/h	1060/1800	1060/1800
Presión sonora	dB(A)	50/55	50/55
Refrigerante	gr	R410A	
Carga refrigerante		1100	1260
Compresor tipo		Rotativo	
Sistema de expansión		EXV+Capilar	
Conexiones de tubería			
Diámetro tubos líquidos/gas	Pulgadas	1/4" - 3/8"	1/4" - 3/8"
Longitud máxima de tubería	m	20	20
Altura máx. UI bajo UE	m	10	10
Altura máx. UE bajo UI	m	10	10
Carga estandar hasta	m	7,5	7,5
Carga adicional por m	g	20	20

- **Transporte** y **desembalaje.**
- **Instalación:** apartado especialmente de interés para el instalador, ya que aquí figura el esquema de instalación y se describen los pasos a seguir en la instalación del equipo de una manera segura y que garantice el adecuado funcionamiento, dando los debidos consejos para sacar el máximo partido a la instalación.

Imágenes aclaratorias de la forma de montaje y conexión

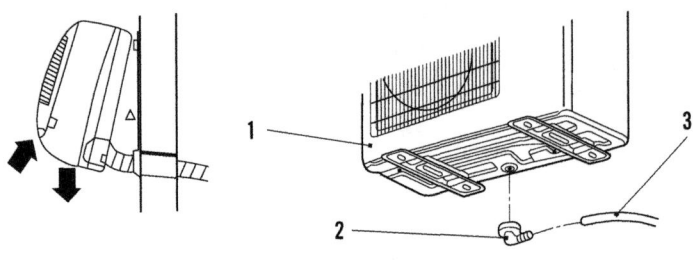

1 Unidad exterior
2 Codo de evacuación
3 Manguera de evacuación

- **Puesta en marcha y comprobación del adecuado funcionamiento.**
- Una vez acabada la instalación, se explica cómo debe hacer paso a paso la **puesta en servicio** del aparato, comprobando que funciona dentro de los parámetros deseables.

Imagen que indica los elementos a comprobar para la puesta en servicio

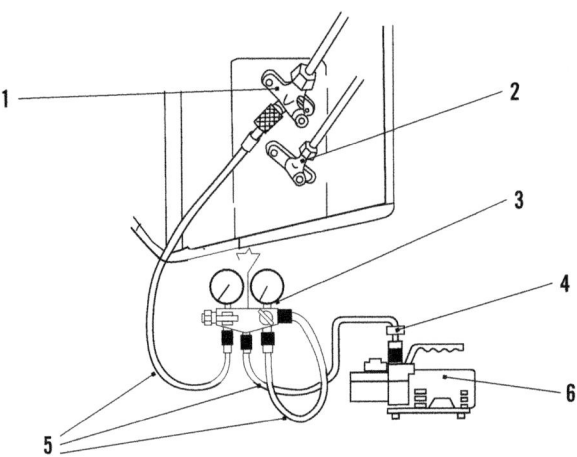

Leyenda

1 Válvula de aspiración (gas)	4 Unión antirretorno
2 Válvula de retorno (líquido)	5 Tubos para refrigerante
3 Medidor combinado	6 Bomba de vacío para refrigerante

■ **Códigos de error:** indica el significado de la simbología y códigos que el aparato puede presentar, para ayudar a detectar el posible fallo de la máquina.

 Nota

_____

Es común que se indique, además, la cualificación necesaria del personal instalador.

_____

Manual del usuario

Dedicado a las personas que harán uso del aparato, coincide en diferentes apartados con el manual del instalador, diferenciándose principalmente en que, en lugar de indicar cómo instalar el aparato y ponerlo a funcionar, indica cómo realizar otras tareas más propias del usuario:

■ **Ajustes iniciales,** como por ejemplo ponerle las pilas, ajustar el reloj, etc.
■ Incluye las **instrucciones de funcionamiento.** Es el principal apartado de este manual. Da indicaciones al usuario sobre cómo manejar la

máquina y cómo regularla, utilizando los sistemas de control de los
que el aparato dispone. Como ejemplo, se puede encontrar: cómo
manejar el mando a distancia, programar opciones de funcionamiento, etc.

Imágenes pertenecientes a las instrucciones de funcionamiento

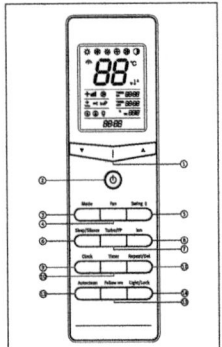 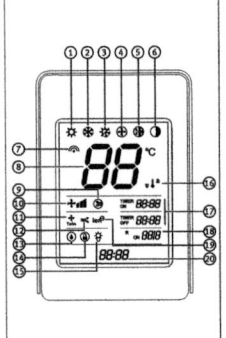 

Leyenda

1 Botón TEMP / TIME
2 Botón ON / OFF
3 Botón MODE
4 Botón FAN
5 Botón SWING VERTICAL
6 Botón SLEEP/SILENCE
7 Botón TURBO / FP
8 Botón ION
9 Botón CLOCK
10 Botón TIMER
11 Botón REPEAT / DEL
12 Botón AUTOCLEAN
13 Botón FOLLOW ME
14 Botón LIGHT / LOCK

Leyenda

1 Indicador HEATING
2 Indicador COOLING
3 Indicador AUTO
4 Indicador FAN
5 Indicador DRY
6 Indicador SLEEP
7 Indicador de transmisión
8 Indicador de temperatura
9 Indicador VERTICAL SWING
10 Indicador de velocidad del ventilador / SILENCE
11 Indicador TURBO
12 Indicador FOLLOW ME
13 Indicador AUTOCLEAN
14 Indicador LOCK
15 Indicador LIGHT
16 Indicador SET TEMPERATURE MARK.
17 Indicador TIMER
18 Indicador REPEAT
19 Indicador IONIZADOR
20 Indicador CLOCK

▮ **Mantenimiento de usuario,** que especifica labores simples de mantenimiento.

▮ Quién, cómo y en qué condiciones **retirar el aparato** de servicio.

Instrucciones para el desecho del aparato

¡PELIGRO DE LESIONES Y DAÑOS PERSONALES!
Cuando deseche el aparato, asegúrese de tomar las precauciones adecuadas. Para ello, siga los pasos inversos a los descritos en el manual de instalación y utilice las herramientas y medios de protección adecuados.
El desmontaje debe realizarlo personas cualificadas y con los conocimientos técnicos necesarios.

¡ATENCIÓN!
Peligro de dañar el medio ambiente al desechar el aparato. Para impedirlo, observe las indicaciones que se describen en este apartado.

¡ATENCIÓN!
Los sistema de acondicionamiento de aire contienen refrigerantes que deben ser desechados de manera especializada. Los materiales útiles que contiene el acondicionador de aire puede ser reciclados.

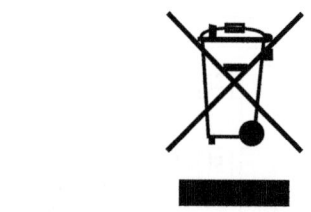

3. Documentación y formularios normalizados

El técnico instalador y mantenedor hará uso de estos documentos para dejar constancia de que la instalación o la revisión periódica han sido correctas y sistemáticas. De esta manera, se evita el posible olvido de puntos de control.

Se consigue así una homogeneidad en los procesos de verificación, de los cuales el técnico competente debe dejar constancia.

Es conveniente que se dé al usuario la máxima información sobre las actuaciones llevadas a cabo en la instalación.

Consejo

Si es posible se dejará copia de la documentación de registro.

Seguidamente, se muestra un formulario, donde se indican con claridad los pasos a seguir en el proceso de verificación de una instalación de ventilación-climatización.

CONDICIONES MEDIOAMBIENTALES

12. VENTILACIÓN Y CLIMATIZACIÓN   Personas afectadas [ ][ ]

Área de trabajo [＿＿＿＿＿＿]   Fecha [ ][ ]   Próxima revisión [ ][ ]

Cumplimentado por [＿＿＿＿＿＿＿＿＿＿＿＿＿＿＿]

1. Se utilizan sustancias químicas tóxicas o nocivas, o existen focos de generación de contaminantes (polvo, humo, nieblas, gases o vapores)	**SÍ** · **NO**	*Pase a la cuestión 12*
2. Se han instalado extracciones localizadas en las zonas o puntos donde se puede producir la generación de contaminantes ambientales	**SÍ** **NO**	**Es necesario instalar extracciones localizadas en los puntos de generación de contaminantes. Cumplimentar cuestiones 9 y 10.**
3. Estas extracciones disponen de campanas de captación de forma y tamaño adecuadas a las características de los focos de generación	**SÍ** **NO**	**Las campanas deben encerrar todo lo posible el foco de generación, o bien encontrarse muy cerca del mismo.**
4. El caudal de extración localizada es suficiente para capturar los contaminantes	**SÍ** **NO**	**El ventilador debe suministrar un caudal suficiente para conseguir la captura de los contaminantes venciendo las pérdidas de carga**
5. Se han adoptado precauciones para evitar corrientes de aire transversales que puedan afectar a los sistemas de extracción localizada	**SÍ** · **NO**	Las corrientes de aire transvesales que pueden afectar al funcionamiento de los sistemas de extracción localizada deben evitarse
6. Se comprueba periódicamente el funcionamiento de los sistemas de extracción localizada	**SÍ** · **NO**	Comprobar periódicamente el caudal y la velocidad del aire en las campanas, o visualizar el flujo mediante tubos de humo
7. Se lleva a cabo una limpieza y un mantenimiento periódicos de los elementos de la instalación de extracción localizada	**SÍ** · **NO**	El mantenimiento y limpieza completa de los sistemas de extracción localizada es necesario para lograr un funionamiento correcto
8. Los sistemas de extracción tienen depuradores o filtros	**SÍ** **NO**	**Es preciso comprobar que las emisiones atmosféricas respeten las limitaciones impuestas por la reglamentación**

Continúa en página siguiente >>

<< Viene de página anterior

9. Se miden periódicamente las emisiones atmosféricas de los sistemas de extracción localizada para verificar el cumplimiento de lo legislado	**SÍ**	**NO**	*Pase a la cuestión 12*
10. Se han caracterizado los residuos que se recogen en los depuradores o filtros y se gestionan y eliminana de acuerdo a la legislación aplicable	**SÍ**	**NO**	**La legislación sobre residuos requiere la caracterización previa de los residuos para proceder a su gestión y eliminación**
11. Se han caracterizado los residuos generados en la limpieza y mantenimiento de los equipos de filtración y se eliminan correctamente	**SÍ**	**NO**	**La legislación sobre residuos requiere la caracterización previa de los residuos para proceder a su gestión y eliminación**
12. Los locales de trabajo disponen de algún sistema de ventilación, forzada o natural, que asegura la renovación mínima del aire	**SÍ**	**NO**	**Debe disponerse de un aporte de aire exterior entre 30 y 50 m³/h y ocupante**
13. El sentido de las corrientes de aire que provoca la ventilación de los locales aleja la contaminación de los puestos de trabajo	**SÍ**	**NO**	Las entradas y salidas de aire deben diseñarse de forma que el flujo no provoque la aparición de contaminación en zonas ocupadas
14. Las tomas de aire exterior están alejadas de los puntos de descarga de aire contaminado	**SÍ**	**NO**	La situación de las entradas de aire debe estar alejada de las salidas para evitar la reintroducción de aire contaminado
15. Se realiza un mantenimiento de los sistemas mecánicos de ventilación general	**SÍ**	**NO**	Los sistemas mecánicos de ventilación general deben ser incluidos en los programas de mantenimiento
16. El local tiene instalación de aire acondicionado	**SÍ**	**NO**	*Pase a la cuestión 12*
17. En todos los locales a los que sirve el sistema de acondicionamiento hay suministro y extracción de aire, o en su defecto se pueden abrir las ventanas	**SÍ**	**NO**	Para que el sistema funcione correctamente, todos los locales deben tener asegurado el suministro y evacuación de aire
18. Los difusores y rejillas de impulsión funcionan correctamente y no están parcial o totalmente obturados	**SÍ**	**NO**	Es imprescindible que los difusores o rejillas no estén obturados, mediante tiras de papel podrá ver el movimiento del aire
19. El programa de mantenimiento de la instalación de aire acondicionado incluye las operaciones de limpieza del equipo y sustitución de filtros	**SÍ**	**NO**	La limpieza de los equipos es fundamental, puesto que contribuye a evitar la formación de focos de contaminación y su dispersión
20. Si existen torres de refrigeración o cámaras de humidificación, se evita la formación de focos de contaminación biológica	**SÍ**	**NO**	Los aparatos húmedos son un foco de generación de contaminantes. Tener precaución con el uso de biocidas

CRITERIOS DE VALORACIÓN		
MUY DEFICIENTE	DEFICIENTE	MEJORABLE
Tres entre las cuestiones 8, 10, 11 y 12 2, 3, y 4 conjuntamente	2, 3, 4, 8, 10 o 12 Conjuntamente 5, 6, y 7 ó 13, 14, y 15 Tres entre las cuestiones 17, 18, 19 y 20	5, 6, 7, 13, 14, 15, 17, 18, 19 o 20

Continúa en página siguiente >>

<< Viene de página anterior

RESULTADO DE LA VALORACIÓN			
Muy deficiente	Deficiente	Mejorable	Correcta
OBJETIVA ☐	☐	☐	☐
SUBJETIVA ☐	☐	☐	☐

ACCIONES A TOMAR PARA CORREGIR LAS DIFERENCIAS DETECTADAS

Tras hacer una valoración de todos los puntos de control de los que sea susceptible la instalación, se hace un baremo y, en función del resultado, se indican y planifican las posibles acciones para corregir o eliminar las deficiencias encontradas.

Del mismo modo, existen formularios que los técnicos encargados de mantenimiento suelen utilizar para que les sea más fácil realizar su trabajo, sin olvidar la revisión de ningún parámetro importante. Se trata de formularios que pueden servir de informes donde se va señalando lo que se ha revisado, los valores medidos en los casos que corresponda y los arreglos o averías encontradas y reparadas.

Igualmente, se pueden utilizar informes o formularios donde se le especifiquen de forma clara al usuario las averías detectadas y su relevancia.

TRABAJO A REALIZAR	CRITICIDAD		
	A	B	C
INSTALACIÓN DE AIRE COMPRIMIDO			
Reparación de compresores HB 1 y 2	X		
Reparación de compresores HB 3 y 4		X	
Reparación de compresor ZR-5	X		
Reparación de compresor CENTAC II			X
Reparación de compresor R-8			X
Reaparación de secadores	X		
Reubicación de descarga de válvulas de seguridad	X		
Instalación de calderines nuevos en planta II	X		
Instalación de purgas automáticas en calderines Vulca	X		
Reforma de redes		X	
Relización de estudio	X		

A	URGENTE
B	PRECISA REPARACIÓN
C	PROPUESTA DE MEJORA

 Nota

Estos informes pueden ser variables y el instalador puede crear los suyos propios siempre y cuando incluya todo lo necesario.

4. Resumen

En este capítulo, el alumno debe haber aprendido que las instalaciones han de cumplir unas pautas, que las distintas normativas que afectan a estas instalaciones marcan, en cuanto a su situación, sus elementos, la manera de llevarse a cabo el proceso de instalación, de control y de mantenimiento, etcétera. Así, se pueden encontrar en estas normativas todas las posibles respuestas a preguntas o dudas que se pudieran plantear sobre quién, cómo, cuándo, dónde, etcétera.

La constante evolución y multitud de máquinas, herramientas y accesorios de los que el profesional puede hacer uso para instalaciones de climatización y ventilación-extracción obliga a los profesionales a controlar gran cantidad de información. Esto solo se consigue siendo capaz de manejar con soltura las fichas técnicas y los manuales que los fabricantes ofrecen de sus productos.

Los formularios y la documentación normalizada o estandariza establecen el modus operandi del instalador-mantenedor, dejando constancia de las operaciones realizadas en las instalaciones, para garantizar un adecuado control de estas.

Ejercicios de repaso y autoevaluación

1. De las siguientes afirmaciones, diga cuál es verdadera o falsa.

a. La composición del aire es un importante factor ambiental que se puede ver alterado por distintos contaminantes.

☐ Verdadero
☐ Falso

b. La normativa en materia de climatización se refiere sobre todo a lugares abiertos donde no se pueden controlar los factores ambientales.

☐ Verdadero
☐ Falso

c. El Código técnico de edificación establece las condiciones generales de ventilación en locales.

☐ Verdadero
☐ Falso

d. En las cocinas, es suficiente con un sistema de ventilación natural, como puede ser una ventana que da al exterior.

☐ Verdadero
☐ Falso

e. Existe una normativa específica para las condiciones ambientales en los lugares de trabajo.

☐ Verdadero
☐ Falso

f. El rendimiento es un factor que carece de importancia en la elección de los equipos de climatización, ya que solamente se tiene en cuenta el consumo del equipo.

☐ Verdadero
☐ Falso

g. Una de las mejoras maneras de comparar equipos diseñados para el mismo uso es comparando sus fichas técnicas, de las que se puede sacar abundante información.

☐ Verdadero
☐ Falso

2. **Según el CTE, lo adecuado es:**

a. Que el aire circule desde los locales más secos a los húmedos.
b. Que el aire circule desde los locales más húmedos a los más secos.
c. Que el aire circule entre locales con la misma humedad.
d. Todas las opciones son incorrectas.

3. **Las condiciones ambientales de los lugares de trabajo vienen establecidas en...**

a. ... el CTE.
b. ... el R. D. 1027/2007.
c. ... el R. D. 486/1997.
d. No vienen reguladas en ninguna normativa oficial.

4. **Un instalador...**

a. ... nunca necesitará mirar el manual de un equipo. Eso denotaría que no controla bien su área de trabajo, ya que todos los equipos son prácticamente iguales.
b. ... siempre debe conocer todos los manuales de todos los equipos del mercado para ser capaz de instalar cualquier modelo sin necesidad de poseer el manual en el momento de la instalación.
c. ... siempre debe consultar el manual del equipo antes de instalarlo.
d. Todas las opciones son incorrectas.

5. **Relacione cada operación con la periodicidad con la que se debe realizar, como mínimo, según establece el CTE.**

a. Limpieza o sustitución de filtros.
b. Revisión del estado de funcionalidad de los extractores.
c. Limpieza de los conductos.
d. Revisión del estado de los filtros.

___ Cada seis meses.
___ Anualmente.
___ Anualmente.
___ Cada cinco años.

6. **Para trabajos sedentarios, ¿qué cantidad de aire debe ser renovada por persona como mínimo?**

    a. Quince metros cúbicos por hora (15 m³/h).
    b. Treinta metros cúbicos por hora (30 m³/h).
    c. Cincuenta metros cúbicos por hora (50 m³/h).
    d. Dependerá de la capacidad de trabajo de la máquina en cuestión.

7. **¿Cómo se calcula el rendimiento de un equipo de climatización?**

_____

_____

8. **¿Cuánta potencia, en W, proporciona un equipo de 3.000 Kcal/h?**

_____

_____

9. **¿Qué es una declaración de conformidad CE?**

_____

_____

10. **¿En qué documento se pueden encontrar las principales características de un equipo de climatización?**

    a. En su ficha técnica.
    b. En el manual del usuario.
    c. En el manual de instalación.
    d. Esta información no aparece en ningún documento, solo aparece inscrita en el propio aparato.

Capítulo 2
Mantenimiento correctivo en instalaciones de climatización

Contenido

1. Introducción

Podría definirse el mantenimiento como el conjunto de actividades necesarias para el correcto y continuo funcionamiento de una instalación en las condiciones que permitan obtener el mejor rendimiento posible, conservando permanentemente la seguridad de su servicio y la defensa del medioambiente.

Para mantener un sistema de climatización, es necesario conocer cómo funciona y el objetivo de su funcionamiento. La información previa es fundamental (documentación de diseño y montaje). El usuario de la instalación comunicará al técnico los síntomas que detecta en cuanto a las desviaciones de sus necesidades y, rara vez, en cuanto al funcionamiento del sistema.

Con este capítulo de instalación de climatización y ventilación-extracción, se pretende dar a conocer el mantenimiento correctivo, así como los pasos a seguir en las distintas acciones correctivas a desarrollar.

2. Técnicas de intervención en el mantenimiento correctivo de la instalación de climatización: mantenimiento correctivo de la UTA. (Unidad de Tratamiento del Aire)

Se denomina UTA a los aparatos que mueven el aire y lo tratan para conseguir adecuar sus características a las necesidades específicas de una instalación.

El aire de impulsión procede de unidades de tratamiento del aire (UTA) y suele recibir el tratamiento adecuado de purificación, usualmente filtración de partículas, pero también puede ser humectado, calentado o enfriado, para mantener el nivel de calidad del aire interior que se desea.

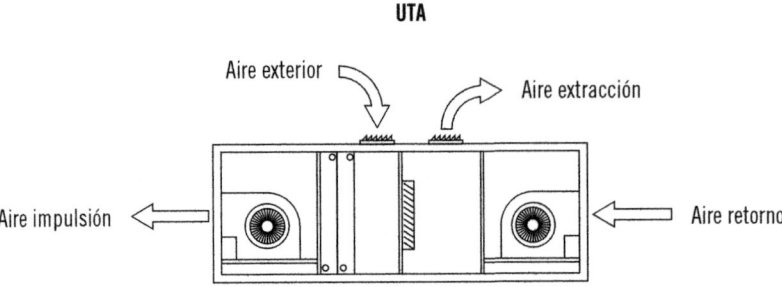

 Nota

El aire puede seguir distintos recorridos por la unidad de tratamiento de aire. Puede ser
introducido de fuera o recirculado del mismo interior.

2.1. Componentes de una UTA

Como ya se comentó en la introducción, es conveniente conocer las partes
básicas de estos equipos.

*Unidad de tratamiento de aire con las puertas abiertas para que se observe la
configuración de sus componentes.*

Parte de una UTA

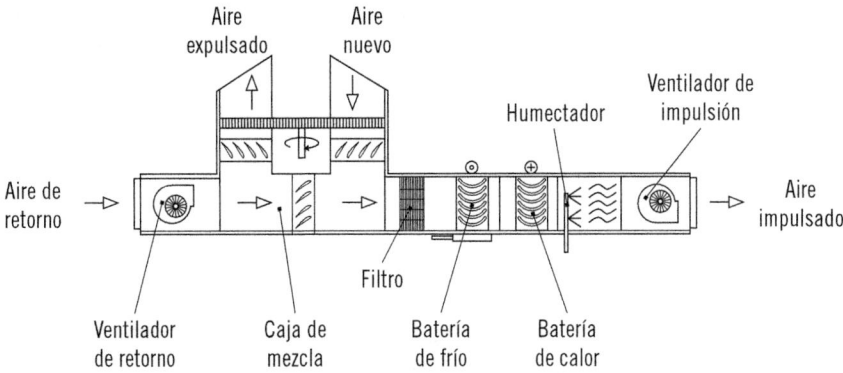

Ventiladores

El ventilador más utilizado para una UTA es el centrífugo. Aunque se pueden emplear otros tipos de ventiladores (axiales), esto se puede dar si pueden hacerse unas conexiones con cambios de sección y de forma suficientemente suave y si, por imposición del espacio disponible o del recorrido, es conveniente separar el ventilador y la UTA.

Existen diferentes tipos de ventiladores en el mercado que se pueden integrar en las unidades de tratamiento de aire.

Sección de mezcla y separación

Es una parte de la UTA compuesta por un conjunto de compuertas, motorizadas normalmente y, en ocasiones, manuales.

Estas permiten diversas funciones. Entre ellas, hay que destacar el ahorro energético que se consigue tomando en mayor proporción aire del exterior o la totalidad, cuando su entalpía sea más conveniente que la del aire de retorno.

 **Definición**

Entalpía
Magnitud termodinámica de un cuerpo, igual a la suma de su energía interna más el producto de su volumen por la presión exterior.

Además, puede enfriar el aire de manera gratuita, asegurar el caudal mínimo de renovación del aire, impedir la entrada de aire exterior o controlar la presurización de la zona a acondicionar.

Filtros

Los filtros se encargan de impedir la entrada al local de partículas no deseadas.

 Nota

En equipos de alto rendimiento, los filtros se subdividen: se disponen primero los filtros más bastos y después los más finos, de esta manera se evita la saturación de estos y aumenta el rendimiento.

Es conveniente que el ventilador se pueda regular para ajustar el caudal necesario con cualquier caída de presión.

Hay muchos tipos de filtros, dependiendo del contaminante que deben retener:

- Lechos absorbentes de substancias determinadas (por ejemplo neutralizadores de acidez).
- Lechos absorbentes de gases contaminantes (por ejemplo de carbón activado).
- Secciones biocidas (por ejemplo rayos UV o cortinas oxidantes).
- Generadores de ozono.
- Scrubbers (tratamiento de aire por borboteo).
- Filtros electrostáticos.

Sección de humectación

Se compone de diversos aparatos encargados de darle al aire la humedad ideal antes de ser introducido en el local.

Batería de frío y de calor

Consisten normalmente en intercambiadores de calor de tubos aleteados, por cuyo interior circula el fluido de trabajo, que puede ir frío o caliente, mientras que sobre las aletas circula la corriente de aire a climatizar.

Batería de frío y calor

Silenciadores

Existen otras secciones, como silenciadores de ruido y vibraciones, que están hechas de materiales absorbentes, como fibra de vidrio.

 Nota

Estos elementos son muy importantes, porque el ruido que produce una UTA podría ser un grave inconveniente para el confort de los usuarios.

2.2. Mantenimiento correctivo de los componentes de una UTA

Cuando se llega a tener que actuar en mantenimiento correctivo, es porque el mantenimiento preventivo ha fallado en alguno de sus puntos. De todas formas, los componentes de estos equipos, con el paso del tiempo, sufren un deterioro. Su tiempo de vida o vida útil puede ser alargado con un correcto uso y buen mantenimiento, pero finalmente, con el paso del tiempo, en algún punto será necesario un mantenimiento correctivo de la instalación.

 Definición

Mantenimiento preventivo
Se realiza antes de que se produzca el fallo. Su objetivo principal es evitar que se produzcan averías o fallos en la instalación o en cualquier elemento de la misma.

Mantenimiento correctivo
Se lleva a cabo una vez se ha producido el fallo. Comprende aquellas acciones, planificadas o no, cuyo objetivo es restablecer el nivel de desempeño de un equipo o sistema después de que haya ocurrido un fallo, sea este esperado o no.

A continuación, se comentarán las actuaciones a seguir en los distintos puntos de una unidad de tratamiento de aire.

Hay que destacar que la primera precaución que hay que tener antes de abrir la puerta del climatizador es asegurarse de que los motores están desconectados y esperar hasta que los ventiladores se detengan totalmente.

 Importante

Siempre se tendrán en consideración, para todos los constituyentes y elementos de la UTA, las indicaciones que los fabricantes hacen de los componentes que configuran el equipo.

Ventiladores

La suciedad puede producir ruido, debido a las vibraciones que se producen al acumularse en los álabes del ventilador, desequilibrando el funcionamiento. Para evitar esto, se hará una limpieza periódica de los ventiladores, como parte del mantenimiento preventivo. Si se llegara al desequilibrio y mal funcionamiento del ventilador por este motivo, ya sí formaría parte del mantenimiento correctivo y se procedería del mismo modo, limpiando la suciedad.

La oxidación altera las superficies y puede provocar un problema similar. Estas superficies han de ser lijadas y pintadas con la pintura adecuada periódicamente durante el mantenimiento preventivo, pero si ya se ha producido el problema, habrá que reparar la superficie o sustituir el elemento en caso de ser irreparable debido a un deterioro muy grande.

Se tiene que comprobar también el estado de los soportes antivibratorios y las lonas flexibles de la boca de impulsión, sustituyéndolas en caso necesario. La sustitución fuera del mantenimiento preventivo formaría parte del mantenimiento correctivo a realizar.

Otra posible deficiencia se podría dar en los rodamientos. Es aconsejable que no superen la vida útil que indica el fabricante, que también dependerá de las condiciones ambientales que soportan. Los rodamientos serán extraídos y cambiados por otros iguales o equivalentes.

 Nota

Si no se cambian cuando se aconseja, este defecto puede deteriorar otros componentes y elevar el consumo energético de funcionamiento.

En rodamientos que lleven incorporados engrasadores, se cambiará la grasa por lo menos cada 1.500 h, según las indicaciones del fabricante. Este aspecto forma parte del mantenimiento preventivo, pero es importante que se tenga en cuenta.

Filtros

Debido a que con filtros sucios se reduce el caudal de aire y además puede pasar suciedad a los componentes posteriores, los filtros serán sustituidos para que no excedan de la pérdida de carga máxima recomendada por el fabricante, que suele estar indicada en la misma puerta de acceso a dichos filtros.

El mantenimiento de los filtros rotativos se reduce simplemente a sustituir el tambor de manta sucia por otro nuevo. El tiempo que debe pasar para que el filtro sea sustituido va a depender del grado de suciedad o contaminación del aire que recoge (es recomendable una inspección visual mensual). Como consecuencia de no cambiar el filtro a tiempo, se puede producir una avería, que dará lugar al mantenimiento correctivo, consistente en el cambio de filtro y limpieza o cambio de los elementos afectados, en caso de que esto haya afectado a algún elemento más.

Humectadores

Si se quiere llevar a cabo un adecuado mantenimiento preventivo, se debe vaciar y limpiar periódicamente la bandeja de recogida de agua y evitar las incrustaciones de cal.

Cuando el panel celular llega a atascarse parcialmente por la cal o por suciedad proveniente de los filtros excesivamente colmatados, habrá que llevar a cabo un mantenimiento correctivo, consistente en sustituirlo por otro panel nuevo. De no ser así, se reducirá la sección de paso de aire, aumentará la velocidad de este y, como consecuencia, se producirá el arrastre de gotas de agua a la siguiente sección del climatizador.

Si se dan goteos o remanentes de agua, se debe comprobar la válvula del flotador y ajustarla para que cierre antes de que rebose.

También habría que comprobar que el sentido de circulación de la bomba coincide con lo señalado y que la intensidad consumida por la bomba es inferior a la intensidad nominal indicada.

Batería de frío-calor

Para evitar que el rendimiento de las baterías baje, es muy importante limpiar la superficie de las aletas. Hay que controlar su estado cada vez que se cambie los filtros.

 Consejo

Esta limpieza puede llevarse a cabo soplando la zona aleteada con un compresor, pulverizando agua o vapor o, si fuese necesario, pasando un cepillo adecuado para que las labores de limpieza no acarreen daños en las aletas.

Hay que comprobar también si existen fugas de agua, vapor o refrigerante, sellándolas si se diera el caso.

También hay que comprobar la limpieza adecuada de la bandeja de recogida de condensados y el tubo de desagüe, evitando que se obstruya. Se pueden utilizar para ello los elementos indicados en la limpieza de las aletas.

Motores

El motor o motores de la instalación son otro de los componentes que se deben mantener limpios, dejándolos libres de suciedad, polvo, aceite u otras materias extrañas.

Igual que en ventiladores, los rodamientos deteriorados deben ser sustituidos.

Los motores son los receptores de la energía eléctrica necesaria y se encargan de hacer girar los ventiladores mediante transmisiones.

 **Nota**

Los motores que poseen válvula de engrase llevan una placa en la que se indican los intervalos de lubricación.

Las posibles intervenciones en el motor se pueden dar por los siguientes motivos:

1. La potencia nominal absorbida es superior a la indicada en la placa: puede ser por un inadecuado cableado, porque las correas de transmisión no estén debidamente tensadas o por deficiencias internas del propio motor.
2. Produce vibraciones anómalas: habría que alinear adecuadamente el eje y la polea del motor con el eje y la polea del ventilador o, simplemente, apretar los tornillos de anclaje del motor que pudieran estar flojos.

Transmisores

Cuando las poleas y correas tienen síntomas de desgaste, su mantenimiento se reduce a la sustitución de estas piezas. La correa se retira destensándola y sobreponiéndola a la guía de la polea, que se hace girar con la mano para que esta salga de la polea.

Comprobación del estado de las correas

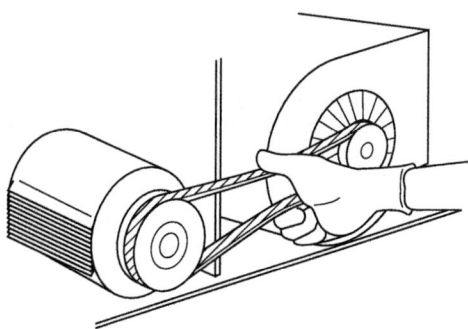

 Consejo

Dependiendo de las condiciones de funcionamiento es recomendable revisiones periódicas de las correas, siempre con una regularidad inferior a 3 meses.

Las correas deben estar a la tensión adecuada para que el motor no sufra y el rendimiento obtenido sea el adecuado.

Importante

Cuando la transmisión tiene varias correas y se observe alguna desgastada, se sustituirán todas.

Cada vez que las correas sean sustituidas, hay que comprobar su correcta alineación y se evitará el sobretensado de las correas, ya que esto reduciría considerablemente la vida de los rodamientos y puede deformar los ejes, los soportes, etcétera.

Recuerde

El mantenimiento preventivo trata sobre cómo detectar funciones no ajustadas a lo normal en sistemas y evitar estas reparaciones a través de un adecuado mantenimiento de la instalación.

La importancia de un mantenimiento correctivo reside en que, en la mayoría de los casos, impide que las averías sean graves.

Lo ideal es llevar un adecuado mantenimiento preventivo, esto evita tener que actuar en labores de mantenimiento correctivo, que, en general, son más complejas y costosas.

2.3. Anomalías detectadas, posible causa y solución para las averías más comunes

Cuando se detecta una avería o un fallo en el funcionamiento de un equipo de climatización, el primer paso es localizar y diagnosticar el lugar dónde se encuentra la avería o fallo y los elementos a los que afecta. Para ello, será necesario analizar el equipo, aplicando los procedimientos indicados en las normativas técnicas de seguridad vigentes, y hacer uso de los planos y la información técnica.

Del mismo modo, habrá que analizar y basarse en la documentación e información referente al mantenimiento preventivo realizado anteriormente, recogida en el libro de mantenimiento de todos los datos de referencia y las acciones de reparación realizadas. Toda esta información facilitará también el trabajo de detección de los posibles fallos del sistema.

Por otro lado, habrá que comprobar los distintos parámetros (temperaturas, presiones de trabajo, etcétera) que proporciona el sistema, a través de elementos como el display o visor y los relés térmicos. Asimismo, habrá que realizar las mediciones que correspondan para comprobar el sistema. Estas mediciones se deben realizar con los equipos de medida adecuados, comprobando los resultados con la documentación técnica correspondiente. Finalmente, podemos necesitar de la utilización de los equipos de identificación de averías específicos.

Una vez encontrada la avería, habrá que averiguar el origen y la causa que la ha provocado para reparar el sistema desde su origen y que no se vuelva a repetir el mismo fallo.

 Importante

Todas las acciones realizadas durante las tareas de mantenimiento preventivo o correctivo han de realizarse garantizando la seguridad de equipos y personas.

Si es necesario, habrá que realizar también las pruebas funcionales que verifiquen los síntomas detectados.

Las disfunciones posibles de las distintas partes del sistema se determinan con un razonamiento causa-efecto que lleva al origen de las mismas y consigue relacionar las distintas disfunciones.

Una vez detectado y analizado el problema o avería, se conocerá qué elementos hay que sustituir o reparar. Llegados a este punto, habrá que realizar la reparación o sustitución correspondiente mediante los procedimientos adecuados y, finalmente, habrá que recoger los resultados y las tareas realizadas en el documento donde se detallará la actuación.

A continuación, se recogerán algunas de las averías más comunes que se pueden dar en las instalaciones de climatización, indicando los síntomas, las causas y la manera de actuar (es decir, el mantenimiento correctivo a realizar) para eliminarlas.

El motor no arranca

- **Síntoma:** el motor no arranca.
- **Causa:** no llega tensión.
- **Actuación:** comprobar la instalación eléctrica, tanto de potencia como de control.

Consumo del motor

- **Síntoma:** consumo del motor mayor que el nominal.
- **Causa:** el caudal es superior al nominal.
- **Actuación:** ajustar el caudal, reduciendo la velocidad de giro del ventilador mediante cambio de poleas o variador de velocidad.

Ruido del motor

- **Síntoma:** ruido en el arranque de los motores. En este caso, pueden existir dos causas y cada una de ellas tendrá su correspondiente forma de actuar:

■ **Causa 1:** las correas patinan.

■ **Actuación 1:** comprobar el tensionado de transmisión (en motores de 15 kW o más es normal).

■ **Causa 2:** no se ha quitado la fijación del conjunto motor-ventilador.

■ **Actuación 2:** quitar la fijación del conjunto motor-ventilador.

Caudal de aire

■ **Síntoma:** caudal de aire inferior al nominal. Puede deberse a diferentes causas:

■ **Causa 1:** el ventilador gira en sentido contrario.

■ **Actuación 1:** cambiar el sentido de giro del motor.

■ **Causa 2:** la compuerta de toma de aire está cerrada.

■ **Actuación 2:** abrir la compuerta de toma de aire.

■ **Causa 3:** la instalación tiene más pérdida de carga de la nominal.

■ **Actuación 3:** comprobar el estado de filtros y la pérdida de carga en conductos.

■ **Causa 4:** la velocidad de giro del ventilador es inferior a la nominal.

■ **Actuación 4:** aumentar la velocidad de giro del ventilador cambiando las poleas o mediante un variador de velocidad y comprobar que el consumo del motor se encuentre siempre inferior al nominal.

■ **Causa 5:** los filtros tienen suciedad.

■ **Actuación 5:** limpiar los filtros.

■ **Causa 6:** existen fugas en los conductos.

■ **Actuación 6:** comprobar la estanqueidad y realizar un sellado adecuado.

Recuerde

Las disfunciones posibles de las distintas partes del sistema se determinan con un razonamiento causa-efecto que lleva al origen de las mismas.

Prestaciones de las baterías

- **Síntoma:** las prestaciones de las baterías son inferiores a las esperadas. Pueden existir dos causas posibles:

  - **Causa 1:** la entrada de fluido caloportador se ha conexionado a la salida.
  - **Actuación 1:** comprobar las conexiones de las tuberías y modificar las conexiones incorrectas.
  - **Causa 2:** existe aire en los tubos de la batería.
  - **Actuación 2:** purgar la batería.

Arrastre de gotas en las baterías de frío

- **Síntoma:** se da arrastre de gotas en las baterías de frío.
- **Causa:** velocidad de giro del ventilador demasiado alta.
- **Actuación:** regular el caudal, disminuyendo la velocidad de giro del ventilador mediante cambio de poleas o variador de velocidad.

Desagüe de la bandeja de recogida de condensados

- **Síntoma:** la bandeja de recogida de condensados no desagua.
- **Causa:** la depresión del ventilador impide evacuar el agua de la bandeja.
- **Actuación:** poner un sifón de las dimensiones adecuadas.

Humidificador

- **Síntoma:** hay arrastre de gotas en el humidificador. Pueden existir dos causas posibles:

  - **Causa 1:** el caudal de aire es superior al nominal.
  - **Actuación 1:** regular el caudal disminuyendo la velocidad de giro del ventilador, mediante cambio de poleas o variador de velocidad.
  - **Causa 2:** el caudal de agua que impulsa la bomba a los paneles es excesivo.
  - **Actuación 2:** reducir el caudal de agua actuando sobre la llave de paso.

Recuerde

Hay que analizar la documentación e información referente al mantenimiento preventivo realizado anteriormente, recogida en el libro de mantenimiento de todos los datos de referencia y las acciones de reparación realizadas.

En la siguiente tabla se recogen las principales averías que se han visto de forma esquemática.

SÍNTOMA	CAUSA	ACTUACIÓN
El motor no arranca.	No llega tensión.	Comprobar la instalación eléctrica, tanto de potencia como de control.
Consumo del motor mayor que el nominal.	El caudal es superior al nominal.	Ajustar el caudal, reduciendo la velocidad de giro del ventilador mediante cambio de poleas o variador de velocidad.
Ruido en el arranque de los motores.	Las correas patinan.	Comprobar el tensionado de transmisión (en motores de 15 Kw o más es normal).
	No se ha quitado la fijación del conjunto motor-ventilador.	Quitar la fijación del conjunto motor-ventilador.
Caudal de aire inferior al nominal.	El ventilador gira en sentido contrario.	Cambiar el sentido de giro del motor.
	La compuerta de toma de aire está cerrada.	Abrir la compuerta de toma de aire.
	La instalación tiene más pérdida de carga de la nominal.	Comprobar el estado de filtros y la pérdida de carga en conductos.
	La velocidad de giro del ventilador es inferior a la nominal.	Aumentar la velocidad de giro del ventilador cambiando las poleas o mediante un variador de velocidad y comprobar que el consumo del motor se encuentre siempre inferior al nominal.

Continúa en página siguiente >>

<< Viene de página anterior

SÍNTOMA	CAUSA	ACTUACIÓN
Las prestaciones de las baterías son inferiores a las esperadas.	La entrada de fluido caloportador se ha conexionado a la salida.	Comprobar las conexiones de las tuberías y modificar las conexiones incorrectas.
	Existe aire en los tubos de la batería.	Purgar la batería.
Se da arrastre de gotas en las baterías de frío.	Velocidad de giro del ventilador demasiado alta.	Regular el caudal, disminuyendo la velocidad de giro del ventilador mediante cambio de poleas o variador de velocidad.
La bandeja de recogida de condensados no desagua.	La depresión del ventilador impide evacuar el agua de la bandeja.	Poner un sifón de las dimensiones adecuadas.
Hay arrastre de gotas en el humidificador.	El caudal de aire es superior al nominal.	Regular el caudal disminuyendo la velocidad de giro del ventilador, mediante cambio de poleas o variador de velocidad.
	El caudal de agua que impulsa la bomba a los paneles es excesivo.	Reducir el caudal de agua actuando sobre la llave de paso.

 Aplicación práctica

Se encuentra con una UTA cuyos usuarios se quejan de que el flujo de aire que entra al recinto entra con demasiada fuerza y humedad, a pesar de sus intentos por regular el caudal, y no se calienta o se enfría, según proceda, satisfactoriamente. ¿Qué elementos debe revisar de la unidad de tratamiento de aire con los síntomas que le indican?

SOLUCIÓN

La información dada indica que los ventiladores funcionan con demasiada intensidad a pesar de intentar ser regulados. Esto quiere decir que, si se realiza una medición del consumo eléctrico, se podrá comprobar que este es superior al normal.

Continúa en página siguiente >>

<< Viene de página anterior

El origen del problema es que el ventilador gira demasiado rápido, impulsando el aire, que arrastra humedad, demasiado rápido. Por eso, el aire pasa a demasiada velocidad por la batería de frío o calor y no da tiempo a que se realice el intercambio de temperaturas correctamente.

Para arreglar el fallo, habrá que desconectar la alimentación eléctrica del equipo para trabajar de forma segura y abrir la compuerta de la UTA que da acceso a los motores. Una vez abierta, habrá que regular el caudal, disminuyendo la velocidad de giro del ventilador, mediante cambio de poleas o variador de velocidad.

3. Técnicas de montaje y desmontaje de piezas defectuosas

Una vez detectada la avería, que puede producirse por un mal montaje o ajuste de piezas o por piezas defectuosas o que no se encuentren en buen estado para realizar su función correctamente, habrá que proceder a la reparación del equipo. Dicha reparación puede consistir en el simple reajuste de la pieza, para que funcione correctamente y proporcione el rendimiento esperado, o en la extracción del elemento para repararlo o sustituirlo por otro nuevo.

 Nota

Los equipos actuales están diseñados para un montaje y desmontaje de manera modular, de forma que la pieza averiada, la mayoría de veces, pueda ser sustituida en lugar de ser reparada. Aunque su reparación en algunos casos es posible, lo más probable es que esta sea más compleja y costosa que la sustitución de la pieza o elemento deteriorado por otro nuevo.

Durante los trabajos de montaje y desmontaje, es necesario cumplir unas medidas de seguridad para desmontar cualquier pieza. Además de usar el equipo de seguridad y las herramientas adecuadas, hay que asegurarse, en primer lugar, de que el sistema está totalmente parado (sobre todo las partes móviles de este) y de que se ha cortado la alimentación eléctrica.

Para cada componente de la instalación existen procedimientos de desmontaje y montaje distintos, en función del equipo y fabricante. Seguidamente, se intentarán resumir los procedimientos generales a seguir para cada uno de los componentes de la instalación.

3.1. Transmisiones

Cuando se abra la compuerta que da acceso al motor de la turbina de aspiración y se compruebe que las correas presentan grietas o su tensión no es adecuada, habrá que sustituirlas o tensarlas.

Para comprobar los rodamientos, hay que extraer la correa temporalmente.

Extracción de la correa

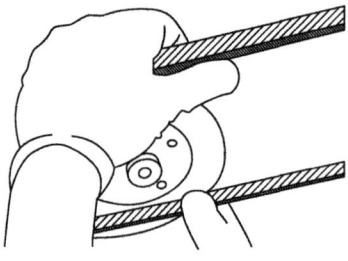

 Consejo

Para esta maniobra, se recomienda montarla sobre el borde del carril al tiempo que se giran los rodamientos del motor y de la turbina. Al girar la polea, se conseguirá que la correa salga en su totalidad de la polea.

Si al girar los rodamientos, liberados, se aprecia sonido de fricción, estos deben ser sustituidos, quitando los tornillos de anclaje de los rodamientos y extrayéndolos del eje donde están encajados. Para colocar el nuevo rodamiento, se procede en sentido inverso, procurando que el rodamiento del motor y de la turbina queden alineados.

La correa se acoplará de manera inversa a como se retiró. Se pone la correa en el ventilador y, por el otro lado, se monta sobre el carril del motor, haciendo girar hasta que la correa entre y quede en su posición de trabajo.

3.2. Ventilador

Si las levas de la turbina necesitan ser limpiadas, no es necesario que queden brillantes, pero sí sin impurezas adheridas que impidan el libre paso del aire.

Este será el principal mantenimiento del ventilador, pero si fuera necesario cambiarlo, cosa poco común, se retirará la correa de la manera anteriormente indicada, se desatornillarán los anclajes que sujetan el ventilador para dejarlo libre y poder ser retirado. Después, se colocará su sustituto, acoplándolo en el lugar del anterior.

3.3. Filtros

Para extraerlos, en primer lugar, hay que abrir la compuerta donde se ubican. Estos solamente suelen estar fijados o encajados sobre guías o pestañas, por lo que no es necesaria la utilización de ninguna herramienta para extraerlos. Se pueden extraer manualmente, tirando o presionando las pestañas que los retienen, en función del modelo.

Algunos filtros van sobre un soporte, que se extrae de igual manera. En estos casos, podrá lavarse la parte filtrante y volverla a colocar o, en el caso de que esto no sea posible según el modelo, bastará con sustituir simplemente la parte filtrante por una nueva.

Soporte de filtros

 **Nota**

En el caso de ser sustituido, habrá que colocar en su lugar un filtro equivalente, de iguales dimensiones y características filtrantes. De no ser así, produciría deficiencias en el funcionamiento del equipo o ni siquiera se ajustaría bien a su ubicación.

3.4. Batería calor-frío

Cuando la batería calor-frío se está limpiando con aire a presión, el sistema debe estar funcionando para que el polvo desprendido sea retirado por los ventiladores de extracción.

Se trata de un circuito de tubería de alta superficie, también llamado intercambiador de calor o frío, que puede ser modular. Su sustitución se ha de realizar cortando el circuito hidráulico al principio y fin de esta unidad, desenroscando las tuberías principio y fin del módulo y extrayendo el módulo completo.

3.5. Compresor

Los sistemas de refrigeración llevan un compresor. Hay distintos tipos de compresores: alternativos, rotativos, centrífugos, en espiral o scroll y de tornillo. También se pueden clasificar en: abiertos, semiherméticos y herméticos.

 **Sabía que...**

Los compresores herméticos son los más empleados por su ventajoso tamaño y coste.

El motor eléctrico se encuentra montado en el cigüeñal del compresor y su cuerpo es una carcasa metálica sellada. Estos compresores no se pueden reparar, ya que la única manera de abrirlos es cortando su carcasa.

La mayoría de válvulas del compresor son de tipo lengüeta y es necesaria su correcta colocación para evitar fugas. La más pequeña contaminación por algún fragmento o corrosión bajo la válvula producirá fugas, por lo que es preciso extremar las precauciones para proteger el compresor.

 Nota

El compresor es una parte delicada del circuito de refrigeración, ya que es muy sensible a cualquier intrusión de partículas o humedad, que pueden impedir su adecuado funcionamiento. Para que esto no ocurra, el circuito lleva uno o varios filtros encargados de absorber la humedad y filtrar las partículas ajenas al circuito frigorífico.

Filtros del compresor

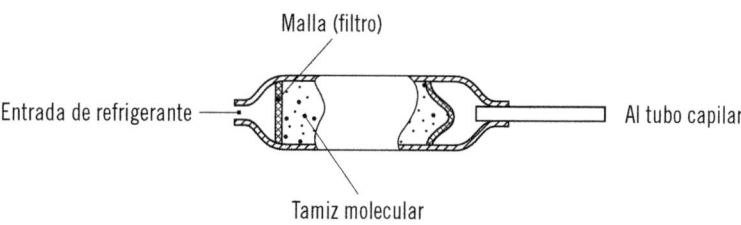

3.6. Válvula de expansión y válvula solenoide de cuatro vías

La válvula de expansión es una parte fundamental del circuito de refrigeración, que se suele presentar en forma de tubo capilar. Este es muy sensible también a partículas extrañas que lo podrían obstruir. Su sustitución es simple, solo hay que extraer el tubo o válvula e introducir una pieza igual en el mismo lugar y en la misma posición.

La válvula de cuatro vías es una válvula solenoide que permite cambiar la dirección del refrigerante en el circuito frigorífico, convirtiendo el circuito frigorífico en una bomba calor. Por tanto, este tipo de válvula solo estará presente en sistemas con bomba calor.

 Importante

Para sustituir cualquiera de los elementos anteriores, pertenecientes a un sistema de refrigeración, que es un sistema cerrado y a presión, se procederá siguiendo estos pasos:

1. Extraer el gas refrigerante.
2. Cortar la pieza a sustituir en sus entradas y salidas, con precisión, mediante la utilización de un cortatubos.
3. Colocar la pieza nueva, soldando entradas y salidas en su lugar correspondiente (siempre evitando dejar impurezas en el circuito).
4. Se le hará el vacío con una bomba de vacío durante al menos 45 min, asegurándose con el manómetro de que el circuito no tiene fugas posibles (después del vacío, la presión se mantendrá constante pasado un tiempo).
5. Finalmente, se procederá a cargar el circuito de refrigerante en la cantidad adecuada.

4. Manejo de herramientas y útiles adecuados para su reparación

En este apartado se hace una descripción de las herramientas y su utilización adecuada para trabajar con equipos de climatización, para que el alumno tenga unas nociones básicas previas a utilizar físicamente estas herramientas, siendo esta utilización en la práctica lo que le dará la habilidad en su manejo.

Existen herramientas genéricas que se emplean para múltiples trabajos, que también son de aplicación en trabajos sobre instalaciones de climatización, pero para trabajos con refrigeración existen también herramientas propias o específicas.

Herramientas

Por tanto, para el mantenimiento y reparación de estos equipos, será necesario utilizar herramientas y útiles que se podrían denominar genéricas (es decir, que se utilizan también para otros tipos de actividades).

 Ejemplo

El destornillador, la llave fija, la llave inglesa, la llave Allen, el taladro, la cinta métrica, el nivel, etcétera.

Y, por otro lado, se hace uso de herramientas y equipos no tan comunes, aunque no tienen porqué ser exclusivos de este sector. Este último tipo de herramientas y útiles son las que se analizarán a continuación.

4.1. Tipos de herramientas

A continuación, se describen las herramientas más utilizadas por los técnicos de climatización, cuáles son sus funciones y cómo utilizar adecuadamente este tipo de herramientas.

Cortatubos

El cortatubos para tuberías frigoríficas se utiliza igual que el de fontanería, aunque su cuchilla es más fina, ya que el corte necesita más precisión y la tubería es de diámetro inferior.

Cortatubos

El proceso consiste en situar la tubería entre los rodetes de los cortatubos y apretar hasta que la cuchilla presione el tubo, pero no en exceso, ya que se podría abollar el tubo. Después se debe apretar poco a poco y, a la vez, se van dando vueltas alrededor del tubo, con lo que finalmente se conseguirá un corte limpio.

 Nota

Si el tubo se abolla, se debe repetir el corte.

Cortatubos para tubo capilar y galgas

El capilar es una parte sensible del circuito que se utiliza para expandir el refrigerante y da ciertas ventajas frente a la colocación en su lugar de una válvula de expansión. Para su reparación, son necesarias herramientas como el cortatubos y las galgas.

El cortatubos es usado para cortar el capilar sin abollarlo y las galgas son utilizadas para comprobar el diámetro interior del capilar.

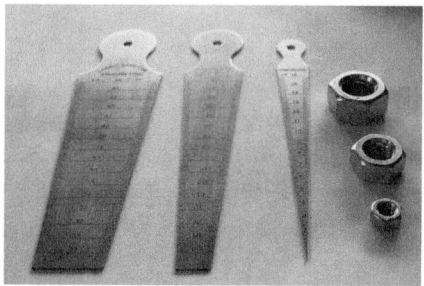

Galgas para medición de diámetros interiores

Escariador

El escariador se utiliza para quitar las posibles rebabas que pueden quedar en el corte del tubo.

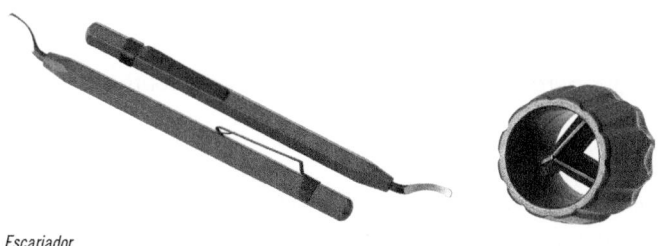

Escariador

Se introducirá la punta en el tubo y se girará suavemente a ambos lados, dejando un borde de tubo sin irregularidades.

 **Consejo**

Cuando se corta o escaria la tubería, se pondrá con el orificio hacia el suelo, para evitar que las partículas que se produzcan se introduzcan en el tubo, facilitando su caída por gravedad.

Abocardador-ensanchador

El abocardado consiste en deformar el tubo de cobre de manera que su extremo forme una junta troncocónica que se puede unir a otro extremo sin fisuras.

Abocardado

El abocardador permite uniones entre tuberías de cobre sin necesidad de soldar.

También se puede usar esta misma herramienta como ensanchador. Acoplando la pieza de ensanche, se puede ensanchar una tubería para realizar un empalme con otra de la misma sección.

Para utilizarlo, hay que ajustar el tubo a la mordaza, en el alojamiento correspondiente a su diámetro, se cierra y se aprieta la mordaza dejando sobresalir el tubo unos milímetros (más o menos, dependiendo del diámetro del tubo). Después, se desplaza el cuerpo del abocardador a lo largo del raíl hasta que se quede colocado sobre el tubo y, entonces, se aprieta el tornillo. Cuando no se pueda girar más el tornillo, se vuelve a subir el tornillo y se suelta la mordaza.

 Nota

Se debe usar aceite para lubricar la punta del abocardador. Se empleará el mismo que usa el compresor de la instalación.

El abocardado no debe tener irregularidades ni grietas. Si esto sucede, habrá que cortar el extremo y hacerlo de nuevo.

Partes del abocardador

 Importante

No se puede olvidar introducir la tuerca de unión en el tubo antes de abocardar, ya que, de lo contrario, habría que cortar el abocardado para poder introducirla y volver a realizarlo.

El abocardador tiene dos partes:

■ Mordaza: para agarrar el tubo de cobre.
■ Cuerpo del abocardador: es el que presiona y abocarda.

Muelles de curvar y curvadoras de tubos

Cuando se va a realizar el curvado de un tubo mediante la utilización de un muelle de curvar, en primer lugar habrá que elegir el muelle de curvar más apropiado para el diámetro del tubo a trabajar, el que mejor se ajuste a su diámetro. La forma de proceder a continuación es introduciendo el tubo y presionando hasta obtener la curvatura deseado. Se trata de un sistema de curvado manual.

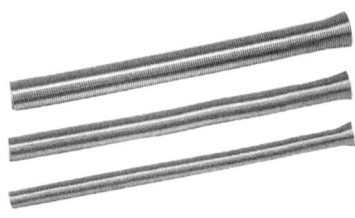

Muelles y curvadoras

Las curvadoras permiten curvar el tubo de cobre recocido desde 0 a 180° con poco esfuerzo. En el mercado existen distintos modelos, para su uso hay que guiarse por las instrucciones de su fabricante.

Curvadoras manuales

Importante

Cuando se curve un tubo, debe hacerse con cuidado, asegurándose de que no quedan partes chafadas en la curva del tubo.

Existen incluso curvadoras eléctricas.

Curvadora electroportátil

Puente manométrico

El puente manométrico es el instrumento que se utiliza para tomar medidas y poder llevar a cabo operaciones básicas en el circuito frigorífico con la precisión requerida.

Consta de manómetro de baja y alta presión, dos llaves de paso y tres mangueras de conexión.

La aguja del manómetro se mueve indicando la presión y la temperatura del gas refrigerante por medio de varias escalas. Se debe utilizar un manómetro con la escala adecuada para el refrigerante utilizado.

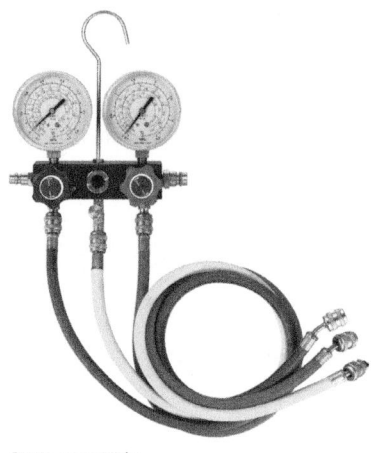

Puente manométrico

Los equipos de aire acondicionado solamente llevan una válvula obús de conexión en la parte de baja presión, por lo que habrá que conexionar la manguera de baja (azul) en este punto y la de servicio (amarilla) dependiendo de la acción que se pretenda llevar a cabo (vacío, carga de refrigerante, etcétera).

 Nota

En la actualidad, existen aparatos digitales con la capacidad de realizar las funciones de un puente manométrico, ampliando sus funciones y aumentando el rango de refrigerantes que pueden medirse.

Detector de fugas de gas refrigerante

Existen distintos aparatos con esta función: detector manual, que tiene una llama que al acercarse a la fuga cambia de color; detector de fluorescencia; detector electrónico; detector por ultrasonidos, etcétera.

Detector por fluorescencia

 Consejo

Otra opción para la detección de fugas es emplear el clásico método de untar una mezcla jabonosa en la zona de posible fuga y esperar la formación de burbujas que confirmarían la fuga y denotarían el lugar exacto de dicha fuga.

Es importante que se seque bien la parte que se moja, ya que al aplicar vacío, podría introducirse humedad en el circuito.

Bomba de vacío

Es un aparato que consta de un motor y una bomba que aspira, creando vacío en el circuito frigorífico.

 **Importante**

Hacer un adecuado vacío es fundamental para el buen funcionamiento de la máquina, ya que de esta manera se asegura la extracción de la humedad o suciedad del circuito, que pueden ser muy dañinas para los componentes del circuito frigorífico.

La bomba de vacío se conecta a la válvula de servicio del circuito frigorífico a través del puente manométrico. De esta manera, se controla la presión (que debe ser negativa mientras se hace vacío). La manguera azul se conectará a la válvula de servicio y la central (amarilla) a la bomba de vacío.

Bomba de vacío

Con la bomba de vacío conectada al circuito se realiza el vacío para que no quede aire ni humedad en este.

Bomba de trasiego de refrigerantes

Esta bomba permite pasar el líquido refrigerante de una bombona llena a otra vacía y, por tanto, es un elemento para rellenar bombonas.

Nota

También se puede utilizar para extraer el refrigerante de una unidad de climatización a una bombona.

Extractor de obuses

Es un mecanismo que se utiliza para retirar un obús dañado sin perder el gas refrigerante. Se coloca formando una especie de baipás que permite la función descrita.

Extractor de obuses

Báscula de carga de refrigerante

Se utiliza para cargar un equipo con precisión, pesando el refrigerante que se debe introducir en el circuito. Cuando se pone la bombona de refrigerante

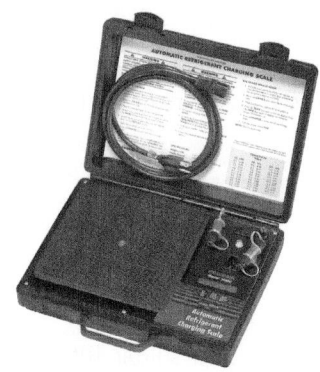

Báscula de carga

sobre la báscula, esta se tara a 0 y, a partir de ese punto, indica la cantidad exacta introducida (en peso o masa).

Pinza amperimétrica y polímetro

Con la pinza se mide la intensidad de corriente que alimenta el compresor, situando el cable conductor entre la pinza toroide de la pinza amperimétrica. De esta manera, se pueden detectar anomalías en el motor del compresor para así poder repararlas.

El polímetro o multímetro es otro instrumento de medida, que, además de medir la intensidad, permite medir otros parámetros distintos, como el voltaje.

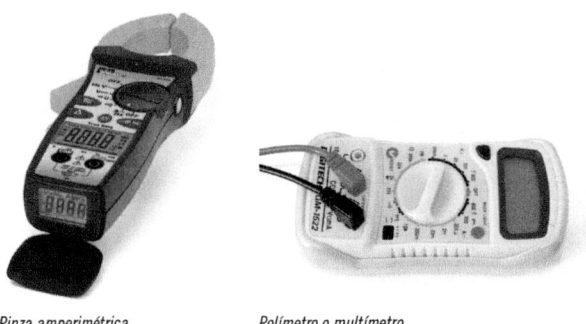

Pinza amperimétrica   *Polímetro o multímetro*

 **Nota**

La pinza también ayuda a ajustar los parámetros de funcionamiento del equipo.

Equipo de soldadura

Los equipos más utilizados para soldar tuberías de cobre son los de soldadura oxiacetilénica y oxibutánica. Se trata de un equipo que consta de dos botellas (una con combustible y otra con comburente), sus correspondientes manorreductores para regular la presión, el soplete, las válvulas antirretroceso y las mangueras.

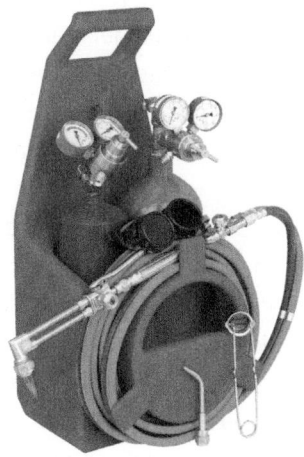

Equipo de soldadura con mangueras, bombonas de oxígeno, gas combustible y equipo de seguridad

 Nota

En las instalaciones de climatización existen uniones fijas (no desmontables) entre tuberías, por ejemplo, que se realizan mediante soldadura.

Para utilizar una mezcla de combustible con oxígeno de forma segura, se deben seguir estos pasos:

1. Abrir las válvulas de las botellas.
2. Observar el estado de la carga de las botellas, comprobando el valor de los manómetros de alta presión de los reguladores.
3. Comprobado que las botellas tienen carga, hay que apretar el tornillo o palomilla para regular la presión de la botella de oxígeno (girándolo

hacia la derecha) hasta que el manómetro de baja presión indique entre 2 y 3 kg/cm^2 o bar (1 bar = 1,01972 kg/cm^2).

4. La primera vez que se hace funcionar el equipo o han sido sustituidas las botellas, hay que purgar, abriendo las válvulas del soplete, para expulsar el aire que pueda haber en el interior de las mangueras.

5. Girar ligeramente la válvula a la izquierda del mango del soplete (gas butano o acetileno), encender con una chispa o llama la punta del soplete y regular la combustión y la llama mediante la válvula del soplete correspondiente al oxígeno. Se irán regulando las válvulas hasta conseguir la presión y regulación deseada.

6. Acabada la soldadura, se procederá al apagado de manera inversa a como se encendió la llama, cerrando inicialmente la válvula del soplete correspondiente a la salida de oxígeno e, inmediatamente después, se cerrará la válvula del soplete correspondiente a la salida del gas combustible.

7. Seguidamente, cerrar las válvulas de las dos botellas (girando el tornillo o palomilla a la derecha). Con las botellas cerradas, purgar las magueras, abriendo nuevamente las válvulas del soplete para que salga todo el gas. Se comprobará, que la presión de los manómetros se pone a cero. Finalmente, cerrar los tornillos o palomillas de los reguladores y cerrar nuevamente las válvulas del soplete. Así se garantiza un funcionamiento sin ningún riesgo de fugas.

 Importante

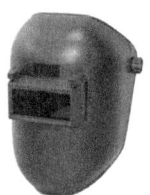 Es muy importante utilizar gafas o pantallas de seguridad durante los procesos de soldadura.

Aplicación práctica

Tiene un equipo frigorífico, con evaporador y condensador. El evaporador (equipo interior) hay que situarlo en un lugar más próximo al condensador del que se encontraba antes, por lo que debe acortar el trayecto de la tubería frigorífica. ¿Cómo lo haría?, ¿de qué herramientas se serviría para hacerlo?

SOLUCIÓN

Tomadas las medidas con un metro y con el nuevo recorrido claro, se marca el fragmento de tubería que es sobrante y se corta con un cortatubos.

Previamente, se habrá recogido el refrigerante en la unidad exterior para no perderlo, utilizando para ello un puente manométrico y una bombona de recogida.

Una vez cortado el tubo, para unirlo nuevamente al evaporador, se puede realizar un nuevo abocardado con el abocardador.

La otra opción, después de cortar el tubo en dos puntos, es utilizar el ensanchador de tuberías en uno de los extremos. Una vez ensanchado un extremo, se introduce el otro en él y se procede a soldarlo, utilizando el equipo de soldadura adecuado. De este modo, se conseguirá una unión estanca.

5. Operaciones para el mantenimiento correctivo del sistema de enfriamiento

Se van a analizar las operaciones generales más comunes de mantenimiento correctivo que se suelen realizar sobre los distintos componentes del sistema de enfriamiento. Se analizarán los posibles síntomas y causas de avería más comunes.

5.1. Mantenimiento correctivo en ventiladores

El ventilador es un componente importante del sistema de refrigeración, porque se encarga de hacer circular el aire, pasándolo a través de intercambiadores, filtros, etcétera.

*Ventilador perteneciente a un
sistema de refrigeración*

Los ventiladores no funcionan

- **Síntoma:** los ventiladores no funcionan.
- **Causa:** no les llega corriente eléctrica.
- **Actuación:** comprobar que el circuito eléctrico esté correcto y comprobar el motor del ventilador.

Distribución del aire

- **Síntoma:** los ventiladores del evaporador no distribuyen el aire por igual en la cámara.
- **Causa:** los ventiladores trabajan en sentido contrario.
- **Actuación:** corregir el giro del motor que va al contrario.

 Consejo

Es conveniente ajustar las aletas del evaporador para distribuir el aire equilibradamente.

Presión en el condensador

- **Síntoma:** exceso de presión en el condensador. En este caso, pueden existir dos causas y cada una de ellas tendrá su correspondiente forma de actuar:

  - **Causa 1:** los ventiladores del condensador trabajan mal orientados y el aire que mueven está recalentado.
  - **Actuación 1:** cambiar de sentido el flujo del aire.
  - **Causa 2:** los ventiladores del condensador no funcionan bien.
  - **Actuación 2:** reparar o sustituir los motores de los ventiladores.

5.2. Mantenimiento correctivo en el compresor

A continuación, se analizarán los principales problemas que pueden afectar al compresor.

Aceite lubricante solidificado

- **Síntoma:** el aceite lubricante del compresor se solidifica.
- **Causa:** puede que el aceite empleado no sea el adecuado. Hay que tener especial cuidado en instalaciones que lleguen a temperaturas muy bajas. Si el aceite se espesa, dificulta u obstruye el paso regular del refrigerante, sobre todo en el capilar.
- **Actuación:** habrá que extraer el aceite del compresor. Para ello, el compresor tiene que tener válvulas de servicio. Los pasos a seguir serían los que se especifican a continuación:

  - En primer lugar, hay que extraer el gas refrigerante del compresor. Para ello, hay que cerrar la válvula del lado de baja presión, encender la máquina y evacuar el refrigerante, después se cerrará la válvula del lado de alta presión.
  - A continuación, hay que vaciar el cárter de aceite y purgar el compresor.
  - Después habrá que reponer el aceite con un tipo que sea adecuado.
  - Hacer el vacío.
  - Por último, abrir las válvulas de servicio (alta y baja).

Importante

Hay que extremar las precauciones para evitar la entrada de humedad en el circuito. Muchos de los aceites sintéticos que se emplean para sistemas de refrigeración tienen excelentes propiedades lubricantes y de viscosidad, pero son higroscópicos, es decir, muy sensibles a la humedad que, cuando es absorbida por el aceite, hace que este adquiera una consistencia parecida a la goma, demasiado espesa para el funcionamiento correcto del equipo.

Refrigerante condensado

- **Síntoma:** el refrigerante se condensa en el cárter del compresor cuando el equipo está parado, provocando que el cárter quede más frío que el evaporador, aunque el refrigerante se recondense en el evaporador.
- **Causa:** si la máquina se encuentra a la intemperie, es probable que esto suceda en invierno, ya que el refrigerante se condensa desde el evaporador al cárter del compresor cuando el equipo está parado.
- **Actuación:** lo ideal es situar la máquina en un lugar más favorable. Sin embargo, existen otras opciones, como montar una válvula solenoide en la línea de aspiración o acoplar una válvula antirretorno en la misma línea, en la salida del evaporador que trabaja a mayor temperatura.

Sabía que...

El volumen de los gases refrigerantes es igual a un múltiplo del volumen líquido. Por ejemplo: el volumen del refrigerante R-134 a 25 °C es 35 veces mayor en estado gaseoso que en estado líquido.

En instalaciones con varios evaporadores donde hay una falta de refrigerante, este sigue el camino de menos resistencia, dando rendimientos desiguales en los evaporadores. Este síntoma lleva a pensar en un reajuste de las válvulas de expansión. Pero si el síntoma se vuelve a repetir, quedaría claro que es debido a la pérdida lenta de refrigerante u obstrucción de los filtros.

Aspiración y descarga

- **Síntoma:** en la aspiración y descarga no se retienen las presiones.
- **Causa:** las válvulas de aspiración y descarga están deterioradas. Esto puede pasar por golpes de líquido o por tener suciedad incrustada.
- **Actuación:** reparar el compresor e instalar una nueva válvula de retención que no permita retornar la presión de descarga al compresor.

Compresor escarchado

- **Síntoma:** el compresor tiene un aspecto escarchado o está escarchado.
- **Causa:** el refrigerante evapora en el compresor o el evaporador está sobrellenado.
- **Actuación:** equilibrar la carga de gas refrigerante. Si el bulbo no está colocado correctamente y no detecta bien el recalentamiento, hay que regular la válvula de expansión.

 Importante

La falta de refrigerante se traduce en el equipo en una pérdida de rendimiento, ya que en este caso la evaporación resulta insuficiente y la temperatura para este proceso es mucho más baja, lo que provoca que la máquina trabaje en condiciones desfavorables.

5.3. Mantenimiento correctivo en el condensador

Seguidamente, se pasa a ver las operaciones correctivas que podría requerir el condensador.

Refrigerante

- **Síntoma:** se ve pasar refrigerante por el visor en estado gaseoso.
- **Causa:** el ventilador está averiado o las aletas del condensador están obstruidas.
- **Actuación:** reparar ventilador o limpiar el condensador peinando las aletas.

Presión alta

- **Síntoma:** presión demasiado alta en el condensador enfriado por agua.
- **Causa:** es posible que la válvula de fuelle del regulador de presión tenga fugas.
- **Actuación:** si al aflojar con cuidado la cubierta protectora se detecta presión o algo de refrigerante, la válvula de fuelle tiene fuga y habrá que proceder a la sustitución de la válvula.

Regulador de presión

- **Síntoma:** el regulador de presión está desajustado.
- **Causa:** la válvula de fuelle del regulador tiene fugas.
- **Actuación:** sustituir la válvula.

Temperatura de la línea de descarga del compresor

- **Síntoma:** se detecta demasiada temperatura en la línea de descarga del compresor.
- **Causa:** la válvula de fuelle tiene fugas.
- **Actuación:** si al aflojar con cuidado la cubierta protectora se detecta presión o algo de refrigerante significa que la válvula de fuelle tiene fugas. Hay que cambiar la válvula por una nueva.

Temperatura en el recipiente

- **Síntoma:** temperatura en el recipiente muy alta. No hay subenfriamiento en el líquido refrigerante. En este caso, pueden existir dos causas y cada una de ellas tendrá su correspondiente forma de actuar:

■ **Causa 1:** el regulador de presión del recipiente se encuentra a una presión muy baja.

■ **Actuación 1:** ajustar el regulador de presión del recipiente a más presión. Además, podría ser necesario ajustar el regulador de presión de condensación a más presión.

■ **Causa 2:** la válvula de fuelle del regulador de presión presenta fugas.

■ **Actuación 2:** sustituir la válvula.

 Aplicación práctica

En la siguiente tabla se muestran los datos normales y los datos tomados por el técnico competente en un circuito frigorífico, ya que el equipo no funciona correctamente. Razone cuál puede ser el motivo de que los datos de las columnas no coincidan y, en consecuencia, el equipo no realice su función correctamente.

Parámetros	Valores estándar	Valores tomados
Salto térmico en unidad interior	20 °C	Nulo
Presión de alta	270 psi	Baja
Subenfriamiento de unidad interior	13 °C	Nulo
Temperatura de descarga de unidad interior	90 °C	Baja
Consumo eléctrico	5 A	Bajo
Salto térmico en unidad exterior	5 °C	Nulo
Presión de baja	45 psi	Alta

SOLUCIÓN

El compresor no comprime y debe ser sustituido.

Razonamiento seguido para llegar a esta solución basándose en los datos de la tabla:

1. El salto térmico en la unidad interior es nulo, solo funciona la ventilación.
2. La presión de alta está baja, porque no circula el refrigerante.

Continúa en página siguiente >>

<< Viene de página anterior

3. El subenfriamiento no existe, al no haber condensación.
4. Consumo eléctrico bajo, debido a que el compresor funciona, pero no aspira ni comprime el refrigerante.
5. La presión de baja detectada es alta, al no ser aspirado el fluido refrigerante, y estará equilibrada con la presión de alta.

5.4. Mantenimiento correctivo para el evaporador

Continuando con la misma dinámica, a continuación se van a estudiar las posibles anomalías que se pueden encontrar en el evaporador.

Caída de presión

- **Síntoma:** caída brusca de presión en el evaporador.
- **Causa:** solamente se escarcha el final del serpentín y las vueltas primeras están relativamente calientes.
- **Actuación:** hay que bajar la presión a la entrada del evaporador. Los síntomas indican que existe un estrechamiento en el lugar donde comienza la escarcha.

 Importante

La toma de presión de la válvula debe estar a unos 10 cm detrás del bulbo, de no ser así, habrá que corregirlo.

Escarche

- **Síntoma:** el evaporador no se escarcha totalmente. En este caso, pueden existir varias causas posibles y diferentes formas de actuar en función de la causa de la que se trate:

  - **Causa 1:** no pasa gas refrigerante suficiente al evaporador, es decir, el sistema de expansión no permite el paso del refrigerante, parcial o totalmente.
  - **Actuación 1:** reajustar la válvula de expansión hasta que el evaporador se escarche.
  - **Causa 2:** diámetro de la tobera insuficiente.
  - **Actuación 2:** cambiar la tobera por otra de mayor diámetro.
  - **Causa 3:** el filtro de la válvula está sucio.
  - **Actuación 3:** limpiar el filtro.
  - **Causa 4:** por presencia de humedad en el circuito, incluso es posible que se forme hielo a la salida de la tobera.
  - **Actuación 4:** secar el circuito.

 Nota

Observando la escarcha que se forma en el evaporador y las partes en las que se forma, se puede obtener valiosa información sobre el funcionamiento de la máquina.

Sobrellenado

- **Síntoma:** sobrellenado del evaporador. Este síntoma puede ser debido a distintas causas:

  - **Causa 1:** trabajo húmedo del compresor, exceso de gas refrigerante en el evaporador. Probablemente, la válvula esté demasiado abierta.
  - **Actuación 1:** ajustar la válvula, cerrándola.
  - **Causa 2:** el termostato no controla adecuadamente la apertura de la válvula de expansión.
  - **Actuación 2:** el bulbo que detecta la temperatura ha de estar bien colocado, con el máximo contacto térmico con el tubo de aspiración y lo más próximo a la salida del evaporador.
  - **Causa 3:** el bulbo está expuesto en parte a la temperatura ambiente.
  - **Actuación 3:** situar el bulbo correctamente o aislarlo bien, con un aislante que no absorba humedad.
  - **Causa 4:** la válvula está atrancada mecánicamente por suciedad o humedad. Al estar enclavada, no reacciona al cambio de temperatura del bulbo.
  - **Actuación 4:** se debe desmontar la válvula de expansión. Si es la humedad la causa, habrá que cambiar el filtro deshidratador y secar la humedad del circuito. Si es por suciedad, simplemente habrá que limpiar la válvula y volver a montarla.

Condensado del refrigerante

- **Síntoma:** se condensa refrigerante en el evaporador de mayor temperatura de trabajo. Obviamente, esto puede ocurrir únicamente en equipos con varios evaporadores.
- **Causa:** en periodos de parada, se condensa refrigerante desde el evaporador de mayor temperatura al de menor. Al iniciar la marcha, se producen golpes de líquido y trabajo húmedo del compresor, ambos producen iguales consecuencias.
- **Actuación:** se debe montar una válvula de retención en la salida del evaporador que trabaja a menos temperatura.

Ejemplo de condensado de refrigerante

Se tiene un equipo multi-split compuesto por una máquina condensadora y cuatro evaporadores: el primero se encuentra en la terraza, los dos siguientes en los dormitorios de la primera planta de la casa y el cuarto en el salón de la planta baja. Ha habido que cambiar el compresor de este último evaporador ya que, tras sufrir varios golpes de líquido, ha quedado inservible. En periodos de parada, se condensa refrigerante desde el evaporador de más temperatura al de más baja. Al iniciar la marcha, se producen golpes de líquido en el compresor. Para evitar esto, se montará una válvula de retención en el evaporador que trabaja a menor temperatura, que es el del salón.

Ante la anterior situación, se procederá a explicar las distintas medidas a tomar, en función de los síntomas, para que no vuelva a producirse:

- **Síntoma:** temperatura de evaporación anormal, ya sea alta o baja.
- **Causa:** el bulbo no se calienta suficientemente debido a un mal dimensionado de los equipos en cuanto a tamaño y potencia.
- **Actuación:** cambiar el evaporador por otro apropiado.

- **Síntoma:** los evaporadores dejan de funcionar pasado un tiempo.
- **Causa:** aceite impropio, que sufre solidificación obturando los tubos.
- **Actuación:** cambiar el aceite del compresor por otro adecuado.

- **Síntoma:** el sistema de varios evaporadores esta desequilibrado.
- **Causa:** se debe a la actuación de unas válvulas sobre otras.
- **Actuación:** situar una válvula antirretorno en la aspiración del evaporador que trabaje a temperatura superior.

- **Síntoma:** el gas refrigerante no se distribuye con igualdad en instalaciones con inyección múltiple.
- **Causa:** posición no adecuada del distribuidor de refrigerante.
- **Actuación:** el distribuidor debe montarse en posición vertical, independientemente de que la salida sea por arriba o por abajo. Además, el diámetro de las toberas del distribuidor ha de ser adecuado al tamaño de la entrada a la válvula de expansión.

5.5. Mantenimiento correctivo en los termostatos

A continuación, se analizarán las posibles deficiencias que se pueden dar en los termostatos.

Funcionamiento inestable del termostato

- **Síntoma:** el termostato dotado de carga de absorción funciona de manera inestable.
- **Causa:** el termostato está deteriorado.
- **Actuación:** sustituir el termostato.

No arranca el compresor

- **Síntoma:** el termostato no arranca el compresor, aunque el sensor esté a más temperatura de la del valor impuesto.
- **Causa:** pérdida de carga por rotura del tubo capilar. Parte del tubo capilar del termostato se encuentra más frío que el sensor.
- **Actuación:** cambiar el termostato y montar el sensor o tubo capilar correctamente. Utilizar un termostato con carga de absorción.

Regulación del termostato

- **Síntoma:** el compresor sigue trabajando, aunque el sensor esté por debajo de la temperatura impuesta.
- **Causa:** el termostato está mal regulado.
- **Actuación:** ajustar el rango bajo del diferencial del termostato.

5.6. Mantenimiento correctivo en los tubos del circuito de gas refrigerante y en el tubo capilar

Los tubos del circuito de gas refrigerante pueden necesitar también de operaciones correctivas.

Principalmente, hay que destacar que, si el diámetro de los tubos de distribución es muy grande, se debe cambiar la tubería por otra adecuada, equilibrando los diámetros.

Ruido en el tubo capilar

- **Síntoma:** se escucha un molesto pitido a la salida del tubo capilar cuando sale el gas refrigerante.
- **Causa:** el enrollamiento del tubo capilar no es correcto, hace ángulo recto.
- **Actuación:** estirar el tubo capilar y enrollarlo para que no tenga ondulaciones y luego enrollar con un diámetro de unos 80-100 mm para que no produzca ruidos.

El tubo capilar es muy empleado como sistema de expansión del refrigerante, ya que presenta numerosas ventajas:

- Gran sencillez: su mantenimiento es prácticamente nulo, ya que no tiene partes móviles.
- El costo del tubo capilar es inferior al de la válvula de expansión.
- Se abarata el coste, ya que con el tubo capilar no se necesita depósito para el líquido refrigerante.
- Como consecuencia de lo anterior, se necesita menos carga de gas refrigerante.
- Durante las paradas, equilibra las presiones, lo que facilita la nueva puesta en marcha del motor sin dificultad.

El tubo capilar hace la función de una válvula de expansión en equipos pequeños.

5.7. Mantenimiento correctivo en la válvula de expansión

La válvula de expansión es parte delicada del circuito, por lo que se prestará especial atención a este componente.

Trabajo fuera de los márgenes de temperatura

- **Síntoma:** la válvula trabaja en márgenes de temperatura incorrectos.
- **Causa:** el tipo de válvula no es el adecuado para el refrigerante (las temperaturas de trabajo y el refrigerante están marcados en el cuerpo de la válvula). La temperatura de trabajo de la válvula estará dentro del margen de temperaturas de trabajo. También puede ser el termostato el culpable de esta deficiencia.
- **Actuación:** cambiar la válvula por una que se ajuste a las características del sistema, como: refrigerante, tamaño y temperaturas de evaporación y de condensación.

El evaporador no escarcha

- **Síntoma 1:** el evaporador no produce escarcha.
- **Causa 1:** no llega suficiente refrigerante a la válvula.
- **Actuación 1:** se puede comprobar la llegada de refrigerante, montando una mirilla justo delante de la válvula, pero antes habrá que comprobar la válvula solenoide.
- **Síntoma 2:** el evaporador no produce escarcha con la válvula abierta.
- **Causa 2:** la válvula está en desequilibrio con los evaporadores, estos son demasiado grandes.
- **Actuación 2:** reemplazar la tobera por otra con un diámetro acorde a la potencia del evaporador.

Temperatura de evaporación irregular

- **Síntoma:** temperatura de evaporación no constante.
- **Causa:** trabajo irregular del evaporador:
- **Actuación:** comprobar el que el tamaño de la válvula se ajusta a la instalación, sirviéndose de tablas de rendimiento.

Pérdida de presión del refrigerante

- **Síntoma:** el refrigerante llega con poca presión.
- **Causa:** una tubería de diámetro menor del necesario provoca una pérdida de presión considerable. También hay que tener en cuenta la diferencia de nivel.
- **Actuación:** la válvula rinde en función de la caída de presión entre el condensador y el evaporador. Puede que sea necesario colocar una válvula compensatoria antes de la válvula de expansión, para compensar la baja temperatura ambiente que se da en invierno.

 Ejemplo

Si la válvula está varios pisos por encima de la máquina, la presión que le llega queda reducida.

Válvula de expansión estrangulada

- **Síntoma:** La válvula de expansión queda estrangulada.
- **Causa 1:** estrangulada debido al bulbo de otra válvula.
- **Actuación 1:** regular correctamente el bulbo sensible, desplazando el bulbo para que no se enfríe en exceso, lo que cerraría la válvula de expansión. Hay que comprobar también si el capilar está roto para sustituirlo.
- **Causa 2:** humedad o suciedad.
- **Actuación 2:** sustituir la válvula por otra nueva, cambiar el filtro deshidratador o limpiar la malla.

Humedad

La humedad es el enemigo número 1 de las instalaciones frigoríficas. Los refrigerantes poseen la propiedad de absorber humedad, pero en muy reducidas cantidades. Si la humedad del circuito es inferior a la capacidad de absorción del refrigerante, esta humedad se encuentra disuelta en el refrigerante y no se producen perturbaciones. Pero si, por el contrario, la humedad sobrepasa la capacidad de absorción del refrigerante, al no ser absorbida en su totalidad por el refrigerante, da lugar a la formación de gotitas de agua libres que producen la estrangulación de la rendija de la válvula.

El máximo de humedad con el que empiezan a producirse perturbaciones en la válvula se denomina "contenido de humedad crítico". Este parámetro depende del refrigerante empleado y de la temperatura, que hace que la solubilidad del agua en los refrigerantes baje si la temperatura desciende.

 Ejemplo

Si se compara el refrigerante R-40 con el R-12, la solubilidad del agua en el primero es unas 16 veces superior a la solubilidad en el segundo. Puede que, en unas mismas condiciones de temperatura, con igual cantidad de refrigerante, la misma cantidad de humedad pueda afectar negativamente a uno y al otro no.

El R-40, al tener mayor capacidad de absorción, puede absorber la humedad, mientras que el R-12, con el mismo contenido en humedad, si no la disuelve toda, provocaría la formación de gotitas de agua que alterarían el funcionamiento del circuito refrigerante.

La dependencia de la solubilidad del agua a la temperatura da respuesta también a por qué equipos que funcionan bien dejan de hacerlo cuando, por falta de fluido frigorífico u otra perturbación, trabajan a temperaturas de evaporación más bajas.

La bajada de temperatura podría producir que se sobrepase el contenido crítico de humedad, quedando agua libre que se congela en la expansión, bloqueando la válvula de expansión total o parcialmente.

- **Causa:** la válvula de expansión no funciona correctamente debido a la humedad.
- **Actuación:** abrir la válvula de expansión, de forma que el refrigerante penetre en el evaporador.

 Recuerde

La humedad que resiste un sistema de refrigeración depende mucho del refrigerante empleado.

La válvula de expansión no cierra

- **Síntoma:** la válvula no cierra.
- **Causa:** la corrosión ha desgastado la aguja o tobera de la válvula, por lo que no ajusta herméticamente.
- **Actuación:** sustituir la tobera.

 Consejo

Es conveniente montar válvulas con agujas de piedra natural y orificios de material plástico especial, así se eliminará esta causa.

Desequilibrio de válvulas de expansión

- **Síntoma:** no llega suficiente gas refrigerante a la válvula de expansión.
- **Causa:** en instalaciones de varios evaporadores, lo provoca el trabajo desigual de estos.

■ **Actuación:** regular la válvula de expansión, acercando la tobera al empujador del diafragma con un tornillo regulador.

Nota

El refrigerante sigue el camino de menor resistencia, así que el reajuste de la válvula o las válvulas a la que llega menos refrigerante influiría en las demás.

Temperatura de evaporación no constante

■ **Síntoma:** la temperatura de evaporación no es constante.
■ **Causa:** el bulbo no está bien montado.
■ **Actuación:** montarlo correctamente, en un lugar no expuesto a corrientes de aire, dentro del local refrigerado.

Evaporación de refrigerante a la salida del evaporador

■ **Síntoma:** se evapora el refrigerante a la salida del evaporador.
■ **Causa 1:** bulbo mal situado.
■ **Actuación 1:** montarlo correctamente, en un lugar no expuesto a corrientes de aire, dentro del local refrigerado. Los bulbos montados en exterior han de ser aislados.
■ **Causa 2:** la válvula de expansión no acciona la aguja de la tobera.
■ **Actuación 2:** la válvula de expansión debe ser limpiada. Limpiar o cambiar la malla filtrante y cambiar el filtro deshidratador si se detecta humedad o la válvula de expansión congelada.
■ **Causa 3:** la válvula de compensación de presión exterior se encuentra desconectada o bloqueada.
■ **Actuación 3:** si la válvula de compensación está obstruida, realiza un trabajo a una temperatura de evaporación constante, sin capacidad de regulación. Hay que desatascar la tubería compensadora. La válvula de

compensación estará siempre conectada con el extremo final del evaporador para que pueda ejecutar su acción de regulación.

Válvula de expansión deformada

- **Síntoma:** el bloque de la válvula de expansión está deformado.
- **Causa:** cuando hay humedad o suciedad, muchas veces se intenta desatascar la válvula a martillazos, los cuales pueden deformar el bloque de la misma.
- **Actuación:** cambiar la válvula de expansión y el filtro deshidratador y secar el circuito.

Inestabilidad en el evaporador

- **Síntoma:** el evaporador funciona con inestabilidad.
- **Causa:** la válvula de expansión no es regulada por el termostato correctamente.
- **Actuación:** comprobar que al cambiar la temperatura del bulbo el fluido del sistema termostático encoge o dilata la membrana y esta acciona la aguja de la válvula. Si el funcionamiento es incorrecto, habrá que cambiar la válvula.

 Consejo

La pérdida de líquido de la válvula termostática es poco probable, por lo que primero se verificarán el capilar y el bulbo.

Hielo en la válvula de expansión

- **Síntoma:** la humedad congelada bloquea la válvula de expansión impidiendo el paso del gas refrigerante.
- **Causa:** cierre parcial o total del orificio circular por congelación.

■ **Actuación:** secar el circuito de refrigerante, cambiar el filtro deshidratador, calentar, desmontar, limpiar y volver a colocar la válvula de expansión.

Nota

El refrigerante líquido que llega a la válvula de expansión se expande en el orificio de estrangulación de la válvula. En este punto, el refrigerante se enfría y, si se sobrepasa el punto crítico, el agua se congela y forma cristales, dando lugar a la obstrucción del paso de líquido y bloqueando la aguja.

Bloqueo por motivo distinto al hielo

■ **Síntoma:** bloqueo mecánico de la válvula de expansión.
■ **Causa:** al ser un mecanismo con partes móviles, es susceptible de que estas se bloqueen. Las consecuencias serían las mismas que para el caso anterior.
■ **Actuación:** desmontar y limpiar la tobera.

Aplicación práctica

El recinto acondicionado en el que se encuentra no consigue la temperatura fijada en el termostato, la unidad exterior arranca y para con ciclos de funcionamiento muy cortos. ¿A qué es debido?

SOLUCIÓN

El hacer ciclos muy cortos se debe a que, al no circular el caudal de aire necesario por el serpentín interior, aumenta la temperatura del serpentín, "engañando" a la sonda de temperatura del termostato.

Continúa en página siguiente >>

<< Viene de página anterior

Lo más probable es que los filtros estén demasiado sucios e impidan pasar el aire suficiente al serpentín interior.

---

6. Operaciones de mantenimiento correctivo del sistema de calor

El régimen utilizado en sistemas split y en máquinas enfriadoras con bomba de calor es el reversible. Esto quiere decir que la misma máquina es capaz de introducir, en un local, calor o frío. Para ello, la maquina ha de ser capaz de invertir el circuito frigorífico en sentido contrario.

Los componentes utilizados, por tanto, son los mismos (compresor, evaporador, condensador, válvula de expansión, etcétera) y su mantenimiento correctivo es el descrito en el apartado anterior.

Además de los componentes ya vistos del circuito frigorífico, las bombas de calor incorporan otros elementos, como la válvula inversora de cuatro vías o válvula solenoide, cuya misión es invertir la circulación del fluido refrigerante.

Válvula inversora de cuatro vías

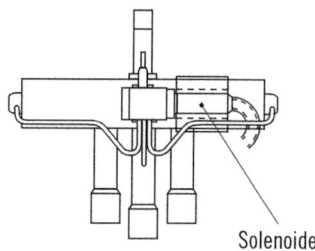

Solenoide

Otro componente que normalmente se encuentra en las bombas de calor es el acumulador de succión o depósito acumulador anti-golpe de líquido, instalado en la línea de aspiración, entre la válvula inversora y el compresor. Tiene por misión impedir la llegada de refrigerante líquido al compresor en el ciclo de producción de calor (invierno), cuando la temperatura exterior es muy baja. También amortigua el trabajo del compresor en las inversiones de ciclo frío-calor.

 Importante

El sistema de expansión ha de funcionar en ambos sentidos del circuito refrigerante. Para ello, el capilar es ideal en equipos de no demasiada potencia, porque permite el paso en ambos sentidos sin problema. Pero si la expansión se realiza por medio de dos válvulas termostáticas, deben instalarse dos válvulas de retención para fijar el sentido del fluido en cada ciclo de funcionamiento.

También las bombas de calor deben estar provistas de un sistema de desescarche, puesto que, cuando funcionan en invierno como bomba de calor, la batería exterior es el evaporador del circuito frigorífico. El aire que pasa a través de él es enfriado y deshumidificado, condensándose agua que hay que evacuar. En condiciones de invierno, la batería exterior puede estar evaporando por debajo de 0 ºC, con lo que el agua condensada puede congelarse sobre la batería, formando una capa de hielo. Esto provoca dos problemas:

1. Disminuye el espacio entre las aletas, con lo que se reduce el caudal de aire que las atraviesa y, en consecuencia, disminuye su rendimiento.
2. El hielo, al tener un bajo coeficiente de transmisión de calor, dificulta el intercambio aire-refrigerante y, por lo tanto, también reduce su rendimiento.

La eliminación del hielo se efectúa invirtiendo la válvula de cuatro vías para que la batería exterior actúe como condensador, recibiendo los gases calientes del compresor, con lo que se fundirá el hielo existente. En esta situación, se introducirá frío en el interior del recinto a calentar y se parará el ventilador de la unidad interior durante el desescarche.

Algunos compresores pueden estar equipados con una resistencia, con la misión de mantener el aceite del cárter a una temperatura superior a la más fría del circuito, para que, si llega refrigerante líquido al compresor, este se evapore inmediatamente.

 Nota

Cuando un equipo funciona en forma de bomba de calor (en sentido opuesto a cuando produce frío), hay que tener en cuenta que, en la mayoría de equipos, la válvula de servicio, que está en la unidad exterior, queda situada en la zona de alta presión del sistema, por lo que, para medir la presión, se utilizará el manómetro de alta (manguera roja).

La operación correctiva más común a realizar sobre la válvula solenoide es la que se lleva a cabo cuando existe un incorrecto funcionamiento de la válvula de cuatro vías:

- **Síntoma:** el refrigerante no llega a la válvula de expansión.
- **Causa:** la válvula está quemada, el solenoide está atascado o el termostato está averiado.
- **Actuación:** reemplazar la bobina o la válvula completa. Cambiar el termostato.

 Nota

Siempre se encontrará una válvula de cuatro vías en equipos reversibles con bomba de calor.

Por otro lado, hay que analizar el depósito acumulador de succión, que es un recipiente construido de forma que el refrigerante en estado líquido se deposita en la parte inferior y solo permite el paso del refrigerante en estado gaseoso. Es una protección del compresor, ya que estos son dañados si el refrigerante llega en estado líquido. Especialmente sensibles son los compresores rotativos.

Depósito acumulador de succión

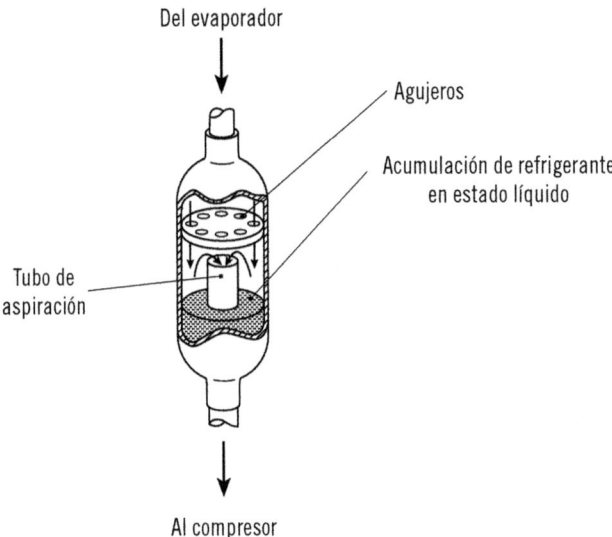

Cuando el refrigerante líquido traspasa el depósito acumulador de succión, hay que llevar a cabo la correspondiente acción correctiva:

- **Síntoma:** el compresor está dañado por aspirar refrigerante en estado líquido.
- **Causa:** exceso de refrigerante, el depósito acumulador está lleno de refrigerante líquido. El equipo no se encuentra en la posición adecuada. El depósito acumulador debe estar en posición vertical.
- **Actuación:** retirar el refrigerante que está en exceso y reparar el compresor. Situar correctamente la máquina, tal como indica el fabricante.

En la actualidad los equipos no son regulados de manera mecánica, si no que su regulación es electrónica, siguiendo la información que recogen por medio de sensores. Esto hace que el sistema sea más preciso a la par que más complejo.

Un fallo electrónico implica la pérdida de funcionalidad. La sustitución de la placa electrónica que controla el equipo comúnmente es la solución.

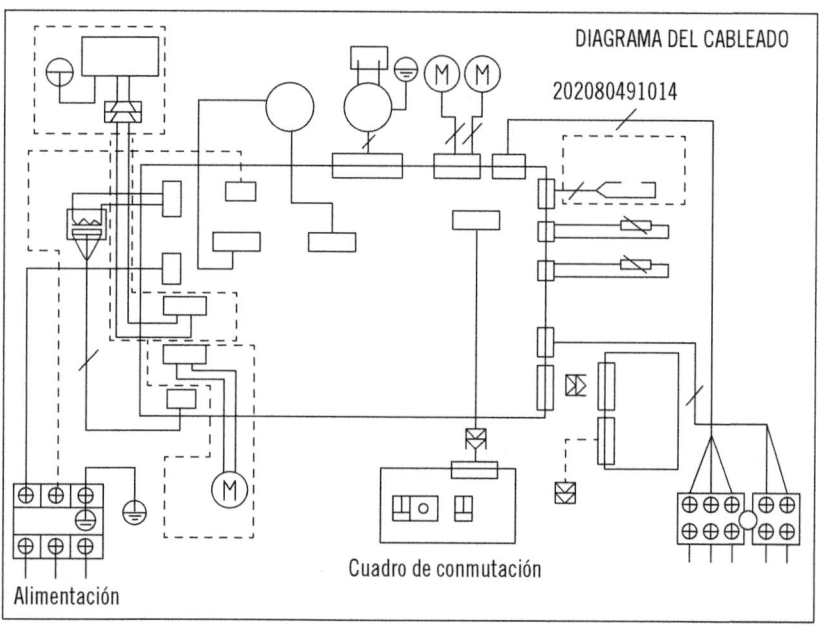

Ejemplo de un esquema eléctrico de un equipo de climatización

 Aplicación práctica

Un cliente, que tiene una máquina con bomba de calor, le indica que su aparato no es capaz de caldear el recinto en el que está instalado.

¿Cómo debe proceder para encontrar la avería si intuye que se puede deber a una falta de refrigerante?

Continúa en página siguiente >>

<< Viene de página anterior

SOLUCIÓN

Primero, se asegurará de que el aparato está correctamente dimensionado para el recinto que se pretende climatizar.

Si esto es así, continuará con las siguientes mediciones:

I Con un termómetro, se comprueba el salto térmico de la unidad interior, que es demasiado bajo respecto al que debiere.
I Si se mide la presión en el circuito de alta con el manómetro de alta (funcionando en modo bomba calor), también se ve que la presión es inferior a la normal.
I Se mide un subenfriamiento menor a la salida de la unidad interior.
I El consumo eléctrico, que se mide con la pinza amperimétrica, es inferior.
I Con todas las medidas tomadas, se tienen datos para saber que el mal funcionamiento se debe a la falta de refrigerante en el consumo.

---

7. Operaciones de mantenimiento correctivo del sistema de distribución y retorno (ventiladores, compuertas, rejillas, difusores, conductos, entre otros)

El sistema de distribución y retorno está constituido básicamente por un sistema de conductos de distribución que reparten el aire tratado de manera adecuada. Para ello, se sirve de accesorios que facilitan el reparto del aire, como son compuertas, rejillas, difusores, ventiladores, etcétera.

7.1. Conductos, rejillas y difusores

La actuación correctiva más común para los conductos, rejillas y difusores es la limpieza, que se suele dar por falta de mantenimiento previo. Se debe corregir esta deficiencia eliminando obstrucciones que dificultan el paso del aire y aumentan la necesidad de energía de impulsión del sistema, por el aumento del rozamiento que producen las incrustaciones de suciedad.

Importante

Otro motivo fundamental para retirar la suciedad de los sistemas de distribución y retorno es la salud de los ocupantes, que habitan zonas donde se introduce aire, que se supone limpio.

Es común también en actuaciones correctivas el reajuste de piezas que componen el sistema, ya que con el tiempo y las vibraciones se van produciendo desajustes que provocan pérdidas de carga en el circuito.

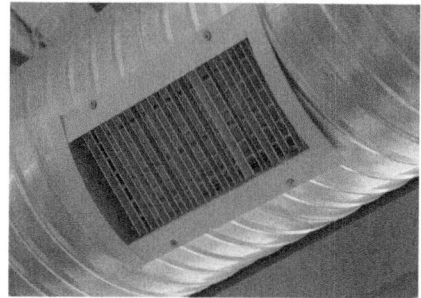

Conductos de ventilación con rejilla. Es una forma de distribución utilizada para climatización y ventilación.

Nota

El desajuste de piezas da lugar a una disposición de los componentes distinta a la inicial y dispersa el flujo de aire en direcciones no deseadas.

Por otra parte, aunque no es muy habitual, puede que se rompa alguna de estas canalizaciones o rejillas que distribuyen el aire. Si así fuese, se sustituiría la pieza entera por otra de iguales características, uniendo dicha pieza de manera que vuelva a quedar estanca en sus uniones.

 **Consejo**

Si solamente se trata de una grieta, podría sellarse con el material adecuado, en función del material de la pieza deteriorada.

Las partes móviles de los sistemas de ventilación-extracción tienen mayores posibilidades de averiarse debido a su uso. De todas formas, el mantenimiento preventivo, como limpieza y engrase de partes móviles, retardaría mucho las actuaciones correctivas.

7.2. Ventiladores

Los ventiladores, que son movidos por un motor, tienen el mismo mantenimiento correctivo que el expuesto para la UTA, donde se han descrito las actuaciones necesarias para repararlos. De hecho, la mayoría de circuitos de ventilación tiene los ventiladores en la unidad de tratamiento de aire, salvo cuando son instalaciones mayores, que requieren de ventiladores en otros puntos para mantener la presión del flujo de aire.

7.3. Compuertas

Con las compuertas, otra parte móvil, pasa algo similar. Las compuertas pueden ser manuales o automáticas, movidas por un servomotor.

En el caso de compuertas manuales, el mantenimiento correctivo se basaría en extraer la suciedad que se pueda acumular y obstruya o dificulte el paso del aire. Al ser sistemas móviles, se pueden atascar, lo que dificultaría su libre movimiento. En este caso, se retira cualquier cuerpo extraño que dificulte el movimiento (suciedad, óxidos, etcétera) y se lubrican los puntos de rozamiento.

El segundo caso es más complejo, ya que, además de los problemas de las compuertas movidas manualmente, la compuerta presenta otros componentes, dado que es movida por medio de motores, que son accionados dependiendo de una señal que le envían termostatos u otros tipos de sensores.

 Nota

El motor necesita una fuente de alimentación eléctrica, un cableado, etcétera.

8. Operaciones de reparación de averías en el sistema eléctrico y sus automatismos

Cada cierto tiempo, deben verificarse los parámetros eléctricos de la instalación y, siempre que se detecta una anomalía en el funcionamiento, el sistema eléctrico y electrónico será uno de los primeros puntos de control a revisar, ya que un fallo eléctrico repercute en todo el sistema, provocando su parada o un funcionamiento incorrecto.

8.1. Puntos de control

Los puntos de control que se deben revisar ante cualquier avería son los que se describen a continuación.

Intensidad

El fabricante da un rango de intensidad fuera del cual, indica que hay alguna anomalía. La intensidad se medirá con la pinza amperimétrica en la línea de alimentación del equipo. Si se detecta que el consumo eléctrico (intensidad) es inferior al que debería, esto podría indicar que existe una fuga de refrigerante en el circuito. También podría ser que los filtros del evaporador estén sucios o el ventilador del evaporador no funcione correctamente. Si por el contrario, la intensidad es anormalmente superior, es indicio de que existe un exceso de refrigerante en el circuito, que la máquina condensadora está sucia o que su ventilador no funciona bien.

Comprobación de intensidad con pinza amperimétrica

 Nota

Todos estos motivos darían lugar a un trabajo forzado del compresor, lo que aumentaría el consumo eléctrico.

Temperatura

Comprobar la temperatura de protecciones eléctricas, contactores, relés, bornes, etcétera.

Habrá que tener especial cuidado con la temperatura de ajuste de los termostatos, comprobando su precisión con un termómetro digital y asegurando que el termostato da la señal adecuada, dependiendo de la temperatura (acciona el compresor, lo para, desescarcha, etcétera).

Humedad y suciedad

En los cuadros eléctricos, se pueden dar averías por la acción de humedad o suciedad, que pueden provocar cortocircuitos. En este caso, la limpieza o el secado de la humedad se realizan asegurándose que la corriente no llegue al punto que se está tratando.

 Consejo

Es conveniente que se coloquen protecciones que impidan la entrada de polvo o humedad a los cuadros eléctricos.

Como es lógico, durante la limpieza hay que evitar mojar el cuadro eléctrico.

8.2. Fallos en el sistema eléctrico y posibles soluciones

A continuación se analizarán posibles fallos debidos al sistema eléctrico y automatismos de la instalación.

El sistema no arranca

- **Síntoma:** el equipo no arranca.

    - **Causa 1:** falta de tensión.
    - **Actuación 1:** conectar el equipo a la corriente, asegurando que la red no se ha caído.

■ **Causa 2:** fusibles fundidos o el automático ha saltado.

■ **Actuación 2:** cambiar el fusible o levantar la palanca del automático.

■ **Causa 3:** fases invertidas.

■ **Actuación 3:** cortar el protector de fases.

■ **Causa 4:** falta señal desde el termostato remoto.

■ **Actuación 4:** asegurarse de que el termostato funciona correctamente. Si no es así, cambiarlo por otro.

■ **Causa 5:** falla el programador horario.

■ **Actuación 5:** reajustar, reparar o sustituir, en última instancia, dicho programador.

Salta el automático

■ **Síntoma:** salta el automático de protección de línea.

■ **Causa 1:** bomba de agua quemada o derivada a masa.

■ **Actuación 1:** sustituir la bomba de agua o revisar el cableado para evitar las posibles derivaciones.

■ **Causa 2:** ventiladores quemados o cortados.

■ **Actuación 2:** sustituir el motor de los ventiladores y comprobar las conexiones del cableado.

■ **Causa 3:** defecto de tierra, algún elemento está mojado o el aislamiento no es adecuado.

■ **Actuación 3:** secar las posibles unidades que pueden producir la derivación y aislar bien las partes sensibles.

No se acciona el circuito de refrigeración

- **Síntoma:** el circuito frigorífico no arranca.

  - **Causa 1:** el detector de flujo de agua está mal.
  - **Causa 2:** falla el termostato de retorno de agua.
  - **Actuación:** reemplazar la pieza deteriorada.

9. Mantenimiento correctivo higiénico-sanitario contra la legionela conforme a normativa

La legionela es una bacteria que tiene como hábitat natural el medio acuático y que se puede propagar a través del aire. Es capaz de sobrevivir en condiciones ambientales muy variadas, multiplicándose entre 20 y 45 °C y destruyéndose a partir 70 °C. Su temperatura óptima de crecimiento es 35-37 °C.

 Sabía que...

Las bacterias del género Legionella pueden colonizar los sistemas de abastecimiento de las ciudades y, a través de la red de distribución de agua, se incorporan a los sistemas de agua sanitaria u otros sistemas que requieren agua para su funcionamiento, como las torres de refrigeración. En algunas ocasiones, debido a un mal diseño de las instalaciones o a un mantenimiento inadecuado de las mismas, se favorece la multiplicación de la legionela hasta concentraciones infectantes para el ser humano.

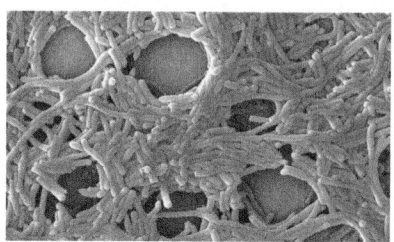

El medio de transmisión de la legionela es siempre por vía respiratoria, a través de la inhalación de aerosoles de aguas contaminadas (pequeñas gotas, inferiores a 50 micras, suspendidas en el aire).

 **Nota**

No se transmite por ingestión ni de persona a persona.

9.1. Normativa vigente

A continuación, se nombrará parte de la normativa vigente en relación con medidas higiénico-sanitarias para la prevención y el control de la legionela:

- Real Decreto 487/2022, de 21 de junio, por el que se establecen los requisitos sanitarios para la prevención y el control de la legionelosis.
- Real Decreto 614/2024, de 2 de julio, por el que se modifica el Real Decreto 487/2022, de 21 de junio, por el que se establecen los requisitos sanitarios para la prevención y el control de la legionelosis.
- Norma UNE 100030:2023 sobre la prevención y el control de la proliferación y diseminación de legionaela en instalaciones, que actualiza la versión anterior para adaptarla a los conocimientos y criterios técnicos actuales, y alinearla con lo establecido en la nueva legislación actual en esta materia, el Real Decreto 487/2022.
- Orden SCO/317/2003, de 7 de febrero regula el procedimiento para la homologación de los cursos de formación del personal que realiza las operaciones de mantenimiento higiénico-sanitario de instalaciones con riesgo de legionelosis.

En dichas normas, se detallan los aspectos aplicables para la regulación de la legionela. Las medidas fundamentales son:

- Evitar estancamientos de agua:

  ▪ Diseño adecuado de la instalación.

- Eliminar o reducir zonas sucias:

  ▪ Programa de mantenimiento.

- Impedir la multiplicación y supervivencia de la bacteria en la instalación:

  ▪ Desinfección continua de la instalación.
  ▪ Control de la temperatura.

9.2. Climatización y legionela

Las partes de los sistemas de climatización susceptibles de que se den las condiciones para que la bacteria se reproduzca son:

- Torres de recuperación de agua, en la cuba y los filtros.
- Condensadores que se encuentran refrigerados por agua.
- En climatizadoras, sobre las bandejas de recogida de condensados.
- En conductos de aire susceptibles de provocar condensaciones de agua.

La legionela se podría difundir por el aire a partir de alguno de estos sistemas de climatización. Este aire contaminado por la bacteria, al ser aspirado por las personas, produce una grave enfermedad respiratoria que puede llegar a ser mortal.

 Recuerde

El medio de transmisión de la legionela es siempre por vía respiratoria, a través de la inhalación de aerosoles de aguas contaminadas (pequeñas gotas, inferiores a 50 micras, suspendidas en el aire).

La probabilidad de que la legionela aparezca en un sistema de climatización depende de algunas características de la instalación:

- Hay altas posibilidades de que este problema se dé en circuitos de agua abiertos y ventilados, como una torre de recuperación.
- Hay baja probabilidad de que aparezca en circuitos cerrados, con el depósito de expansión abierto.
- Hay probabilidad casi nula de que aparezca en circuitos cerrados, como son las modernas enfriadoras o bombas de calor aire-agua.

Para evitar tener que cumplir las medidas contra legionela que impone la normativa en determinados sistemas de climatización, ya que pueden resultar costosas, actualmente hay una tendencia a sustituir las torres de recuperación por modernos sistemas de condensación de aire donde la bacteria no puede penetrar.

Para evitar la aparición de legionela en sistemas de climatización, habrá que realizar un mantenimiento preventivo adecuado conforme a lo establecido en la normativa vigente, consistente, por ejemplo, en la utilización de desinfectantes y equipos de filtración que retengan la bacteria.

Sin embargo, una vez detectada la presencia de legionela en una instalación habrá que proceder a la aplicación de un mantenimiento tipo correctivo. Es en el Anexo VIII y IV del Real Decreto 487/2022, donde se describen los procedimientos a seguir según el caso en cuestión. En concreto para torres de refrigeración y condensadores evaporativos el tratamiento de choque se realizará siguiendo los siguientes pasos:

- Informar de forma evidente sobre la prohibición del uso y acceso a la instalación por los usuarios.
- Desconectar el sistema de calentamiento del agua.
- Desconectar los sistemas de tratamiento del agua (dosificadores de desinfectante, regulador de pH, floculante, …).
- Valorar la necesidad de utilizar biodispersante en el tratamiento de limpieza de la instalación, y debería adicionarse previo al vaciado del vaso o los depósitos, recirculando el agua y siguiendo las instrucciones del fabricante.

- Cuando sea necesario para evitar o reducir al mínimo la probabilidad de proliferación y diseminación de la legionela, vaciar el agua de los vasos, depósitos y de todos los circuitos.

  Limpiar, mediante frotado las paredes de vasos, depósitos y otras superficies, para quitar la biocapa y los lodos, posteriormente aclarar con abundante agua.
- Revisar el material filtrante y reponer por uno nuevo si es necesario.
- Realizar un lavado y enjuague de los filtros.
- Limpiar y desinfectar los filtros de las bombas.

  Desmontar las boquillas de los difusores, chorros, duchas,... y limpiarlas a fondo eliminando las incrustaciones y adherencias y desinfectar con el biocida, sumergiendo una vez limpias, durante el tiempo necesario en función del biocida utilizado, aclarando posteriormente con abundante agua de aporte.
- Revisar todos los componentes de la instalación y reparar o sustituir aquellos elementos que estén deteriorados o con funcionamiento defectuoso.
- Montar nuevamente las boquillas.
- Cuando sea necesario llenar de agua de aporte todo el sistema.
- Calcular la dosis de desinfectante necesaria en función del volumen de agua a tratar.
- Desinfectar el depósito de compensación y el vaso con el biocida, manteniendo un pH adecuado (en función del biocida utilizado).
- Asegurarse que todos los difusores, duchas, chorros, bombas, filtros, etc. del circuito estén en funcionamiento y recircular el agua con el biocida durante un tiempo mínimo de 10 h.
- Controlar el nivel de biocida y pH (si la efectividad del biocida depende del pH) adicionando los productos químicos y biocida, necesarios para alcanzar la estabilidad de los niveles requeridos y después realizar este control al menos cada hora
- Finalizado el tiempo de contacto, neutralizar en caso necesario y restablecer las condiciones de uso normales.
- Conectar los sistemas de calentamiento y de tratamiento del agua, manteniendo el agua durante un periodo de 30 días con la concentración de desinfectante máxima permitida para las condiciones de uso habitual.
- Permitir el uso de la instalación una vez comprobados los niveles de calidad del agua y el correcto funcionamiento de la instalación.

10. Mantenimiento correctivo de los sistemas y equipos terminales

Existe una gran variedad de equipos terminales en función del sistema empleado para la climatización: con refrigerante, aire-agua, agua-agua, aire-aire, etcétera.

En todos los casos, las distintas unidades terminales comparten un mismo objetivo: transmitir la energía que transporta un fluido al ambiente de un local (si producen calor) o absorber energía del ambiente del local pasándolo al fluido de trabajo.

Las unidades terminales más comunes son:

- Radiadores.
- Aerotermos.
- Ventilo-convectores o fan-coils.
- Unidades de tratamiento de aire.
- Circuitos de suelo radiante.
- Circuitos de techo frío.

A pesar de ser distintos, los equipos terminales tienen un mantenimiento similar, puesto que todos ellos son intercambiadores que tienen una gran superficie por donde circula un fluido de trabajo encargado de dar o recoger calor de ambiente a climatizar. Algunos de ellos están dotados de ventiladores para forzar este intercambio, como los *fan-coils*.

 Nota

Los fan-coils son equipos terminales aire-agua muy empleados en climatización.

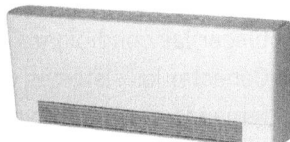

Si no se obtiene el rendimiento previsto por parte de estos equipos terminales, puede ser debido a la acumulación de suciedad, que actuaría como elemento aislante. En este caso, se procederá a la limpieza del equipo terminal con los productos adecuados. Si es necesario, se retirará la carcasa de la que van provistos algunos equipos terminales para facilitar la limpieza.

Como ya se ha comentado, los sistemas terminales pueden ser de distintos tipos, pero en todos los casos son parte de un circuito que intercambia calor con el medio a climatizar. Por tanto, por ellos también circula el fluido de trabajo (que puede ser agua, aceite mineral, refrigerante, etcétera) y, por este motivo, son susceptibles de sufrir pérdidas de dicho fluido, por lo que hay que garantizar la estanqueidad para evitarlas.

En general, como en otros puntos del sistema, el punto más frecuente donde se puede dar una pérdida de fluido de trabajo son las juntas (entradas y salidas del equipo terminal). Las juntas pueden ser roscadas, soldadas o a presión, pero el modo de reparación será igual que en otros puntos del circuito donde existen puntos de unión entre componentes, lo que se detallará en próximos capítulos.

En circuitos hidráulicos cerrados en los que se introduce agua como fluido de trabajo, hay que asegurarse de que el agua cumple unas condiciones ideales para este objetivo. Hay que evitar que el agua tenga cal, puesto que esta se incrusta en los equipos terminales haciendo disminuir el rendimiento al dificultar el intercambio de calor.

 Nota

En caso de incrustaciones de cal, habrá que rellenar el circuito con una solución ácida especial que disuelva la cal. Pasado un tiempo, se extraerá. Y, finalmente, se volverá a rellenar el circuito con el fluido de trabajo adecuado.

11. Localización y reparación de fugas, a partir de la observación y diagnóstico de los estados de las máquinas, mediante los útiles y herramientas adecuados para su mantenimiento

La pérdida de refrigerante es un fallo que se da en las instalaciones cuando han sido instaladas con deficiencias inicialmente, han sido reparadas o han sufrido algún cambio en su posición que haya requerido cambio de disposición en el circuito. De otra forma, es difícil que se presenten fugas de refrigerante, si no es por el continuado uso en el tiempo o porque los componentes móviles de la instalación se han desgastado.

Detectada la falta de refrigerante en el circuito frigorífico, antes de realizar la recarga de refrigerante, se debe hallar el motivo y el lugar de la fuga para solucionarla.

 Consejo

Los puntos donde se da la fuga de refrigerante en el circuito frigorífico se caracterizan por mostrar manchas de aceite a las que la suciedad se adhiere. Por ello, hay que fijarse especialmente en los puntos con estas características.

11.1. Sistemas de detección

Existen distintos sistemas de detección de fugas. Normalmente, se emplean siguiendo un orden, tal y como se explica a continuación.

El detector de gas electrónico (adecuado al gas refrigerante del equipo)

Este aparato es bastante sensible y suele llevar un indicador sonoro que pita al detectar el gas y aumenta la frecuencia de la señal cuanta más concentración de gas detecta en el ambiente.

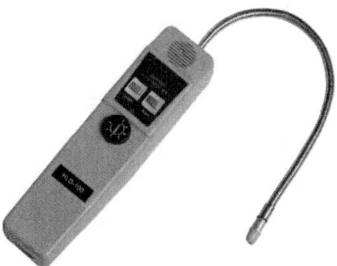

*El detector de gas electrónico es uno de los aparatos
que se pueden emplear para detectar fugas.*

El aparato recoge la muestra de aire a través de un tubo flexible que facilita llegar a los puntos más sospechosos del circuito.

 Nota

Los principales puntos de control, por su mayor probabilidad de fuga, son, en general, cualquier punto donde existan soldaduras o acoplamientos. Destacan:

I Las uniones abocardadas de tuberías de conexión del circuito.
I Las soldaduras en las tuberías de conexión del circuito.
I Las llaves de servicio y tomas de presión (válvulas obuses).

 Recuerde

Una fuga normalmente se produce cuando se han realizado actuaciones como instalación, mantenimiento, correcciones, etc. Así que hay que centrar la búsqueda de la fuga en las modificaciones realizadas con anterioridad.

Llenar el circuito con nitrógeno a alta presión

Para este procedimiento, no es necesario vaciar el circuito de refrigerante. Se introduce nitrógeno a 20-25 bares de presión. Acto seguido, se comprueban las fugas con un detector o untando los puntos de más probabilidad con agua jabonosa, lo que delatará la fuga, formando burbujas en el punto de escape.

Con agua jabonosa se pueden detectar fugas de manera fácil y eficaz.

Mediante un agente trazador

Cuando es una fuga de difícil detección, porque la pérdida de refrigerantes sea muy lenta en el tiempo y no llegue a la cantidad suficiente para ser detectada mediante los métodos anteriores, se puede utilizar este método. Hay que introducir en el circuito una cápsula con un agente trazador fosforescente. Después, habrá que dejar andar la máquina de climatización durante el tiempo suficiente (unos días de funcionamiento). A la vez que se produce la pérdida lenta de refrigerante, el agente trazador ha salido con este, por el mismo punto, como es obvio. Así que, enfocando con una lámpara de luz ultravioleta, se ven fosforescentes los puntos donde se ha producido la fuga.

 Recuerde

Los principales puntos de control, por su mayor probabilidad de fuga, son, en general, cualquier punto donde existan soldaduras o acoplamientos.

Aplicación práctica

Ante la falta de refrigerante en el circuito frigorífico detectada en un sistema multis-plit, ¿qué pasos seguirá para solucionar este problema?

SOLUCIÓN

Lo primero será comprobar la estanqueidad del circuito, utilizando uno de los métodos de detección de fugas.

Inicialmente, se comprueban los puntos más probables, como pueden ser los abocinados de los tubos que unen las unidades interiores con la exterior.

Localizada la fuga, se extrae el fluido refrigerante, se sanea la parte afectada y, seguida-mente, se pasa a realizar el vacío y la carga de refrigerante de la instalación.

12. Análisis e identificación de averías en la instalación de climatización

Llegados a este punto, se han identificado multitud de averías posibles, describiendo su sintomatología, detectando las causas posibles y dando solu-ción a cada uno de estos defectos de las instalaciones de climatización.

12.1. Tipología y diagnóstico

A continuación, se hará una descripción de los principales tipos de averías en las partes del equipo de climatización donde más comúnmente se presen-tan estas anomalías y cómo realizar su identificación y análisis.

Averías eléctricas

Las averías eléctricas se suelen deber a una mal conexión o al deterioro de los cables. La consecuencia de esta avería será el paro total, si no llega corriente eléctrica al equipo, o el mal funcionamiento, si no llega en las condiciones de trabajo adecuadas.

Averías en el sistema frigorífico

Los equipos frigoríficos se caracterizan por utilizar un fluido refrigerante que se condensa y evapora en unas condiciones concretas, ideales para absorber o trasmitir calor a un ambiente. El sistema consta de distintos elementos que, al trabajar con unos cambios de temperatura y presión importantes, son sensibles a factores externos y funcionales. Para detectar averías, se utilizará el método descrito en los apartados anteriores de este capítulo (falta-exceso de carga, filtros sucios, ventilador que no funciona correctamente, etcétera).

Averías en el sistema de ventilación

Igual que en el punto anterior, hay que remitirse a apartados anteriores de este capítulo donde se detallaban las operaciones correctivas para estos elementos. Pero, en general, se puede decir que son las partes móviles, como ventiladores y motores, las más susceptibles de sufrir averías.

Averías en el sistema hidráulico

El sistema hidráulico se compone de un conjunto de conducciones y elementos de impulsión y protección que conducen un fluido que intercambia calor con el medio a climatizar. La avería puede ser provocada por pérdida de fluido, que, a su vez, puede deteriorar elementos como la bomba de impulsión.

 Nota

Además, el circuito hidráulico consta de elementos móviles (válvulas de seguridad, válvulas antirretorno, llaves de paso, etcétera) que, debido a la cal u otros agentes, se van deteriorando con el tiempo, por lo que deben ser reemplazados cuando se detecte su mal funcionamiento.

12.2. Localización del elemento causante de la avería

Para cada tipo de avería, existen diferentes métodos que pueden ayudar a detectarlas. A continuación, se describe, de forma general, la manera de localizar estas averías, dejando pendientes algunos aspectos para próximos capítulos, donde se detallan con más precisión los métodos de detección para sistemas de refrigeración y de ventilación.

Averías eléctricas

Una forma de detectar fácilmente el fallo eléctrico es la siguiente:

1. Puentear elemento a elemento, siguiendo el circuito, los elementos de control y protección: temporizadores, termostatos, presostatos, etcétera.
2. Comprobar con el polímetro la existencia de tensión.
3. Si se encuentra fallo eléctrico en un elemento, este será sustituido y nuevamente comprobado.
4. Si se detecta un fallo generalizado (por ejemplo, si muchos de los elementos de control o protección dan error), es probable que la causa sea diferente a la que se está ensayando.
5. Realizar revisión de continuidad de cables eléctricos y comprobación de conexiones terminales, apretando en su caso dichas conexiones.

En la actualidad, los equipos de climatización suelen estar provistos de una placa electrónica que gestiona las señales de entrada y salida y ejecuta un programa grabado en un microprocesador.

Por este motivo, ante un fallo generalizado, lo más fácil es cambiar la placa electrónica, pero no sin antes verificar que las señales de entrada y salida son correctas.

Las señales de entrada son las siguientes:

- Existencia de tensión de red.
- Termostatos interior, exterior y de condensador.

- Temperatura del compresor.
- El mando a distancia del usuario.

Las señales que la placa manda, en función de las señales de entrada o de salida, son:

- El compresor arranca.
- Arranca el ventilador del compresor.
- Válvula inversora.
- Cambio de velocidad del ventilador interior.
- Controla el motor que mueve los álabes de dirección de aire.

Las averías eléctricas que aparecen más frecuentemente son:

- El contacto está quemado, los cables están seccionados debido a las vibraciones o a la falta de apriete.
- Falta de aislamiento y defecto de tierra. Provocado porque se moja algún elemento del circuito eléctrico, porque hay cables pelados o incluso deteriorados por la acción de roedores.
- Varistor roto. Elemento semiconductor que protege el circuito de sobre-tensiones, situado a la entrada de la corriente en la placa electrónica y en el transformador de tensión del circuito.
- Una sobretensión elevada puede actuar sobre todo el equipo eléctrico de protección y control.
- Fusible fundido. Una sobreintensidad, provocada por una bajada de tensión, haría saltar el fusible (otro elemento de protección eléctrica).
- Una sobrecarga continua puede provocar un fallo en el clixon del compresor.
- El condensador de arranque del ventilador o el compresor están quemados.
- El compresor está quemado o con la bobina cortada.
- Los ventiladores están quemados o con la bobina cortada.
- Los contactos del termostato están quemados.
- Otros contactos están quemados o las bobinas cortadas.

Importante

Hay que tener cuidado en conectar los cables en su clavija correspondiente. Para ello, los contactores son numerados y los cables suelen ser de colores.

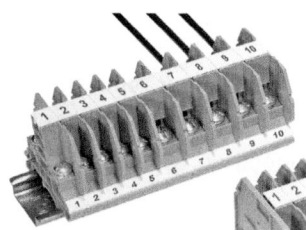

Equipos frigoríficos

Las averías más frecuentes en los circuitos frigoríficos son:

- Falta de refrigerante.
- Condensador sucio.
- Filtro atascado.

Sistema de ventilación

Las averías más frecuentes que se encuentran en los ventiladores de equipos de climatización son:

- Las correas de trasmisión están flojas o rotas.
- Los acoplamientos o chavetas están deteriorados.
- Las aspas o los rodetes están sucios o atascados.
- Los rodetes o aspas están desequilibrados y provocan vibraciones.
- El ventilador gira al revés porque las fases de la línea de alimentación están cambiadas.

Sistema hidráulico

El sistema hidráulico presenta múltiples componentes y accesorios que se van a nombrar a continuación con su posible deficiencia más común.

Tuberías sucias

Por incrustaciones de cal o por otros tipos de agentes que aumentan la pérdida de carga del circuito, provocando el aumento del esfuerzo de la bomba y del consumo eléctrico, y, además, hacen disminuir la eficiencia de intercambio térmico.

Válvulas de corte atoradas

Con el paso del tiempo, si no se mueven cada cierto tiempo, se pueden quedar atascadas por oxidaciones o incrustaciones.

Válvula de seguridad

Se puede quedar atascada por las mismas razones que la válvula de corte, perdiendo así su funcionalidad.

 Consejo

La válvula de seguridad, se puede comprobar metiendo presión en el circuito hasta sobrepasar la presión máxima marcada por la válvula de seguridad, que deberá desalojar el líquido.

Válvula antirretorno

Hay distintos tipos, pero, en general, al tener una parte interna móvil, son bastante sensibles a incrustaciones o elementos extraños que hacen perder su funcionalidad.

Vasos de expansión

Es un sistema de seguridad que, bien dimensionado, absorbe los cambios de presión del circuito, impidiendo el deterioro en otros puntos del sistema. Los cambios de presión son absorbidos por una membrana flexible que, con el paso del tiempo, se puede deteriorar, por lo que el vaso de expansión debe ser reemplazado.

Bomba de circulación

Es el corazón del sistema hidráulico. El tipo de bomba más empleado para circuitos de climatización es la bomba en línea. Estas bombas no deben funcionar sin líquido pasando por su interior, ya que se quemarían. De igual forma, se podría detectar avería si se emplea una bomba mal dimensionada que trabaja forzada.

Pérdida de fluido

La avería más común en un circuito hidráulico es la pérdida de fluido de trabajo ya que, por su largo recorrido y sobre todo en las uniones de cada uno de sus elementos (ya sean roscadas, soldadas o a presión), pueden darse puntos susceptibles de una mala unión donde se producirían pérdidas.

La forma más rápida de detectar una pérdida es acoplar un manómetro que debe mantener una presión de trabajo. Si esta presión disminuye es debido a que el contenido del circuito está disminuyendo.

12.3. Plan de intervención específico: sustitución del elemento

La mayoría de elementos pueden ser reparados ante una avería. Pero, por otro lado, habría que valorar la dificultad del profesional para arreglarlo frente a la posibilidad de sustituir la pieza averiada por una nueva.

En muchos casos, es preferible sustituir el elemento dañado, ya que, aunque pueda ser reparado, este no quedaría en iguales condiciones para su posterior funcionamiento respecto a uno nuevo.

El trabajo empleado para reparar puede suponer un valor muy superior en esfuerzo y tiempo a la sustitución, siendo desde este punto de vista económicamente más viable la sustitución que la reparación.

También hay que decir que no es profesional sustituir un elemento o máquina ante cualquier avería, sin antes haber valorado en profundidad la avería y su posible medida correctiva.

 Ejemplo

Un usuario tiene un equipo de aire acondicionado split en el cual detecta, pasados unos años, que no enfría como cuando lo compró. Ante el desconocimiento del usuario e incluso del propio técnico (por llamarlo de algún modo), se podría recomendar la sustitución del equipo entero por otro nuevo, pudiendo ser la causa que simplemente los filtros del evaporador se encuentran sucios.

Es un ejemplo muy exagerado, pero que se puede equiparar a muchas averías que podrían ser reparadas con facilidad y no se reparan por desconocimiento de las personas que pretenden aplicar el mantenimiento correctivo.

Muchos de los elementos deben ser sustituidos para la reparación del equipo. Pero no en todas las ocasiones es necesario sustituir elementos. Hay que asegurarse bien, antes de sustituir piezas, que es realmente necesario y que su reparación no es factible a nivel funcional o económico, de manera que deban ser sustituidas.

 **Nota**

Se debe consultar al servicio técnico del fabricante en caso de no tener los medios suficientes para detectar la avería.

13. Resumen

Para realizar operaciones de mantenimiento correctivo, es necesario un relativo control de los componentes de los equipos de climatización ventilación-extracción, para poder identificarlos.

Asimismo, es importante saber dónde y cómo se sitúan en el sistema para localizarlos en las operaciones de mantenimiento y conocer cuál es la función de cada elemento y cómo funciona en condiciones normales, para diferenciar un funcionamiento anormal o incorrecto.

Tener nociones de diseño y dimensionado de equipos será muy útil para situar los posibles componentes del sistema y esperar de ellos unos determinados parámetros de funcionamiento.

El domino de parámetros de funcionamiento del sistema (temperaturas, flujos, presiones, etcétera) ayudará a detectar fallos del sistema, al no coincidir con los parámetros esperados en un buen funcionamiento.

Las operaciones de mantenimiento preventivo bien realizadas evitarán en gran medida las operaciones de mantenimiento correctivo y sus causas. Las técnicas y herramientas de montaje de instalaciones de climatización y ventilación-extracción servirán en gran medida para las operaciones de mantenimiento correctivo.

Se ha hecho hincapié en la necesidad de conocimientos previos para el mantenimiento correctivo. Además, en este capítulo se han desglosado las posibles situaciones más comunes de error del sistema y cómo afrontarlas.

Sabiendo detectar los síntomas que se pueden presentar, se pueden determinar las causas de la avería. Y, finalmente, conociendo la causa o el origen del problema, se empleará la actuación más adecuada para corregir el error, consiguiendo un funcionamiento óptimo del sistema.

Ejercicios de repaso y autoevaluación

1. **De las siguientes afirmaciones, diga cuál es verdadera o falsa.**

   a. El mantenimiento correctivo predomina sobre el mantenimiento preventivo, ya que este último es más difícil y costoso.

   ☐ Verdadero
   ☐ Falso

   b. La suciedad en los filtros reduce el caudal de aire que por ellos pasa y reduce el rendimiento de una UTA.

   ☐ Verdadero
   ☐ Falso

   c. El caudal de aire puede ser inferior al nominal debido a que el ventilador gire en sentido contrario al que debería.

   ☐ Verdadero
   ☐ Falso

   d. Cuando se corta un tubo de cobre y luego se le pasa el escariador, para dejar un borde sin irregularidades, la posición correcta del tubo es con el orificio hacia arriba.

   ☐ Verdadero
   ☐ Falso

2. **¿Cuál es la parte de la UTA que intercambia calor con el aire para que este adquiera la temperatura deseada?**

   _____

   _____

3. ¿Cómo se debe actuar si se da arrastre de gotas en la batería de frío?

_____

_____

4. ¿Qué función tiene la válvula de cuatro vías?

_____

_____

5. ¿Con qué herramienta se puede ensanchar una tubería de cobre para que se ajuste herméticamente con las conexiones que ofrecen los equipos de climatización?

_____

_____

6. El rendimiento de un equipo de climatización que utiliza refrigerante, ¿disminuye si le falta refrigerante? ¿Por qué?

_____

_____

7. ¿Por qué unos refrigerantes son más sensibles a la humedad que otros?

_____

_____

8. ¿Qué puntos son los más sensibles a pérdidas de refrigerante?

_____

_____

9. ¿Qué es un varistor?

_____

_____

Capítulo 3

Reparación, ajuste de elementos de seguridad y recuperación de fluidos frigorígenos y lubricantes en instalaciones de climatización

Contenido

1. Introducción

Los fluidos frigorígenos y los lubricantes contenidos en las instalaciones de climatización son sustancias peligrosas para el medioambiente. En las instalaciones de climatización, es importante el control de estos fluidos.

Cuando se produce una avería en cualquiera de los componentes de la instalación (compresores, evaporadores, etcétera), es necesario proceder a su reparación, pero siempre evitando el vertido de estas sustancias contaminantes.

Este capítulo trata sobre cómo se debe actuar con los refrigerantes y lubricantes durante las operaciones de reparación en instalaciones de climatización.

Se verán las averías que se pueden producir en las diferentes partes que componen el sistema, comenzando por las fugas de refrigerante, con diferentes técnicas de detección, y continuando con los diferentes componentes de la instalación.

Una vez reparada la avería, la limpieza del circuito permitirá la eliminación de la humedad y otros cuerpos extraños que pueden deteriorar el sistema.

2. Adecuación del lugar de trabajo

Cuando se actúa sobre las instalaciones de climatización para su ajuste o reparación, determinados sistemas pueden quedar expuestos a elementos que pueden contaminarlos, dando lugar a averías, ocasionando de esta manera el efecto contrario al deseado, al agravar el problema en vez de solucionarlo.

Muchos de los elementos integrantes de estas instalaciones, como por ejemplo el compresor o la válvula de expansión, entre otros, son extremadamente sensibles. Si no se cuida al detalle el lugar donde se va a manipular la instalación, es fácil que puedan penetrar polvo, esquirlas o cuerpos extraños, que se depositarán en el circuito y serán arrastrados por el refrigerante y el aceite hasta puntos sensibles de la instalación, donde provocarán la avería.

Por este motivo, se mantendrá un alto grado de limpieza en el lugar de trabajo, del que se podría decir, que es el "quirófano" del técnico reparador.

Al igual que el lugar de trabajo se mantendrá bien limpio, también deben mantenerse limpias las herramientas y los útiles.

 Nota

Los trapos de limpieza no serán de algodón, ya que pueden desprender pequeñas fibras que contaminen elementos del circuito o herramientas. Para la limpieza, se suele utilizar hilo en madejas.

Otras consideraciones a tener en cuenta son:

- Las partes del sistema que se desmontan deben mantener cerradas las válvulas o taponados los tubos de conexión, con el fin de que no entre en su interior ningún agente que pueda agravar la operación de reparación.
- Cuando se desplacen elementos pesados, es conveniente utilizar como medida de seguridad calzado con protección que resista el peso en caso de una hipotética caída de la máquina sobre el pie.
- La iluminación del lugar de trabajo tiene que ser suficiente y no provocar efecto estroboscópico.

 Definición

Estroboscopio
Instrumento que, mediante la observación intermitente, hace ver como lentos e inmóviles objetos que se mueven de manera rápida y periódica.

Hay que tener también presente la documentación técnica necesaria, ya que será de utilidad. Hay que mantenerla en lugar visible para realizar las consultas necesarias. Uno de estos documentos será la ficha de mantenimiento de la instalación. El responsable de mantenimiento debe informar previamente sobre el historial del equipo a reparar.

3. Detección de fugas: operaciones de reparación

Para poder afirmar que en un equipo se está produciendo una fuga de refrigerante y que la falta de este no se debe a otra causa que daría síntomas similares (como puede ser la escasez de carga de refrigerante en el circuito, la cual no tendría por qué estar provocada siempre por una fuga), es necesario saber cuáles son lo parámetros que se deben medir.

3.1. Diagnóstico de la fuga

Normalmente, cuando hay una falta de refrigerante, el cliente tendrá queja de que el equipo enfría o calienta menos de lo normal.

El técnico empezará a analizar el equipo para conseguir un diagnóstico lo más correcto posible de esta avería.

Los síntomas que indican la presencia de fugas son los siguientes:

1. La evaporadora está escarchada. Esto es debido a que, al evaporar a una presión más baja de lo normal, el líquido está evaporando por debajo de 0 °C y la humedad que contiene el aire que pasa a través del evaporador se deposita en forma de escarcha.
2. Disminuye el consumo eléctrico. Al haber menos refrigerante, disminuye la presión de baja y al compresor le cuesta menos pasar el gas de la baja a la alta presión.
3. La línea de líquido está escarchada debido a que el capilar está en la unidad condensador. Esta línea forma parte del evaporador y, de no estar aislada, la humedad del aire se congelará en su superficie, al estar evaporando a una temperatura inferior a 0 °C.

4. La línea de aspiración está solo fresca, puesto que los vapores que circulan por su interior vienen más recalentados de lo normal.

Otros parámetros secundarios que permitirían detectar ante una fuga de refrigerante serían:

1. La última gota de refrigerante líquido que bañaba el evaporador se encontraba mucho más atrás de lo normal, por lo que el recalentamiento detectado sería alto.
2. El salto térmico en la condensadora sería bajo. Debido a que la presión de baja ha bajado y la presión de alta también, así como la temperatura de condensación. Como la temperatura ambiente es la misma, la diferencia es menor.
3. El salto térmico en la evaporadora sería menor, debido a que en el circuito evaporador hay poco refrigerante para enfriar el aire que circula a través de él. La diferencia de temperaturas dependerá de la importancia de la fuga, pero siempre a un valor inferior al normal.

La conclusión para estos síntomas es que el equipo tiene una fuga de refrigerante.

Sabía que...

Una fuga en el prensaestopas de un compresor de tipo abierto provoca la pérdida de refrigerante y de lubricante. Esto hace aumentar las fricciones y las temperaturas, facilitando que se puedan romper los sistemas mecánicos de la instalación.

Este tipo de fuga se forma por la falta de lubricante. El rozamiento aumenta entre el cigüeñal y el asiento de prensaestopas, quedando rallada alguna de las dos partes.

La fuga en este punto no puede repararse in situ. Hay que llevar estas piezas a un taller y rectificarlas para que se acoplen perfectamente de nuevo, para evitar la pérdida de fluidos.

3.2. Verificación de una fuga

Pero para asegurarse de que hay fuga y no es una simple falta de refrigerante, como se comentaba anteriormente, hay que seguir este proceso de verificación:

1. A través de la manguera de servicio, se introduce un poco de refrigerante en una o varias veces.
2. Si se ve que el manómetro va recuperando la presión, es señal evidente de que la avería es fuga de refrigerante.

Control de la presión con los manómetros

Si la presión va descendiendo con el tiempo, es probable que se deba a una fuga.

 Nota

De no recuperar la presión, la avería sería un tapón parcial en el interior de los tubos, pero es una avería mucho menos frecuente.

Diagnosticada la avería y comprobado que, al introducir gas, la instalación vuelve a los valores de presión, consumo y estado de los componentes normales, se procederá a parar la instalación y se esperará a que se igualen las presiones de alta y baja.

 Nota

Un indicio inicial de fuga se puede encontrar en las válvulas de la unidad exterior, ya que el polvo se queda pegado en el lubricante que las impregna, porque el refrigerante se evapora al salir, pero el lubricante no.

 Aplicación práctica

Se tiene un equipo split que enfría poco y se observa que hay escarcha en la línea de líquido. Cree que la avería del equipo es una fuga de refrigerante, porque encuentra una mezcla de polvo y lubricante en una de las juntas abocardadas de la unidad exterior. ¿Son estos síntomas de fuga?

Continúa en página siguiente >>

<< Viene de página anterior

SOLUCIÓN

La línea de líquido está escarchada debido a que el capilar está en la unidad condensador. Esta línea forma parte del evaporador y, de no estar aislada, la humedad del aire se congelará en su superficie, al estar evaporando a una temperatura inferior a 0 ºC. Pero la presencia de polvo y lubricante sí es indicio de fuga, ya que, cuando se produce la fuga de refrigerante, este arrastra lubricante con él, que se deposita en el punto de fuga, que en este caso es la junta abocardada de la unidad exterior, y, al depositarse sobre este lubricante el polvo, forma una capa de suciedad característica.

3.3. Métodos de detección de fugas

Las fugas de refrigerante se detectan recorriendo la instalación en toda su longitud con el detector elegido, pasándolo por toda la superficie de los elementos a comprobar.

Para la detección de fugas, pueden emplearse los métodos que se explican a continuación.

Lámpara halógena

Por medio de una botella de butano, se produce una llama que calienta una lámina de cobre que se encuentra en el centro del quemador, hasta que adquiere un color rojo. La llama es de color azul y se torna verde en presencia de fluidos halogenados.

Este método tiene bastante limitación en su capacidad de detección de fugas. No es útil para refrigerantes que no contengan halógenos y tampoco puede usarse con aquellos otros que puedan inflamarse.

Agua jabonosa

Se aplica una solución jabonosa con una brocha o pincel sobre la superficie de las partes en las que se sospecha que existe fuga, observando la formación de burbujas que delaten la fuga.

Este método solo es útil para fugas grandes.

 Nota

Si las fugas son muy grandes, soplarán a través de la solución y no aparecerán burbujas.

Lámpara ultravioleta, colorante y aditivos fluorescentes

Algunos refrigerantes llevan unos colorantes y aditivos que, cuando salen del circuito por el punto de fuga, dejan trazos de colores fácilmente visibles, indicando el punto de fuga. Los aditivos fluorescentes están compuestos por mezclas de aceite y elementos de origen orgánico que, alumbrados por una lámpara fluorescente, brillan indicando el punto de fuga.

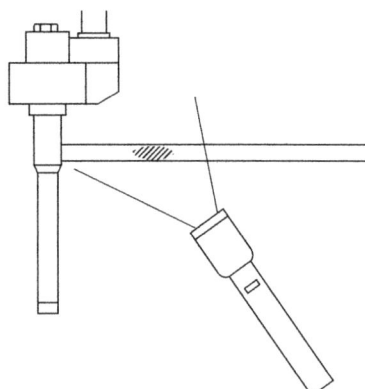

*Detección de fugas con aditivos fluorescentes:
enfocando con la linterna el aditivo que porta el
refrigerante muestra el punto de fuga.*

Estos productos de indicación son capturados por los filtros deshidratadores, por lo que no es recomendable utilizar este método en equipos que tengan estos filtros.

Detectores electrónicos

Son muy precisos y existen de varios tipos, según la sustancia a detectar. Es posible encontrar versiones de taller o portátiles para instalar de modo fijo en instalaciones frigoríficas.

Con el detector de fugas electrónico, se recorre el circuito aproximando su sensor, que señalará la fuga de refrigerante, ya que el gas fugado cambia la resistencia del circuito transistorizado del detector.

Cada gas tiene una conductividad diferente a la del resto de los gases.

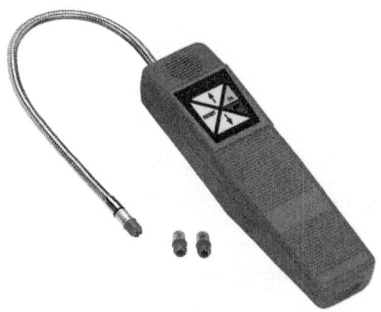

Detector electrónico de fugas

 Importante

¿Cuál es el método de detección de fugas más adecuado para cada refrigerante?

1. Si se trabaja con cloroflurocarbonados, el método de detección será por medio de agua jabonosa, lámpara halógena, detectores electrónicos, colorantes o aditivos fluorescentes y lámpara de rayos ultravioleta.

Continúa en página siguiente >>

<< Viene de página anterior

2. Si se trabaja con fluorocarbonados, se usa: agua jabonosa, lámpara halógena, detectores electrónicos específicos para el refrigerante utilizado o aditivos fluorescentes con lámpara de rayos ultravioleta.
3. En caso del amoniaco, se puede detectar por su fuerte y característico olor por medio del olfato, con una mezcla azufrada, agua jabonosa o detector electrónico también para detectar pequeñas fugas.

3.4. Reparación de la fuga

Las fugas en instalaciones frigoríficas han de ser evitadas a toda costa. Su existencia debe ser reparada de modo inmediato, ya que:

- Si la fuga se presenta en el lado de alta, se pierde parte del refrigerante, bajando el rendimiento del equipo, ya que la carga exacta de refrigerante es muy importante para el adecuado funcionamiento.
- Si, por el contrario, la fuga se da en el lado de baja presión, puede aspirarse aire y humedad, con lo que ello supone para la instalación, acarreando problemas al refrigerante y al lubricante.

Lo más común es que las fugas se presenten en las uniones de tuberías y accesorios.

 **Nota**

Las uniones soldadas son mucho menos sensibles a las vibraciones y, por ello, son preferibles frente a las uniones roscadas.

Para reparar una fuga se debe desmontar el elemento en el que se ha originado la fuga y sustituirlo por uno nuevo, soldando nuevamente las partes necesarias.

El circuito se debe haber vaciado de refrigerante y aislado del compresor por medio de su toma de alta y baja presión, utilizando un puente manométrico.

Para soldar la tubería de cobre se debe pasar por el interior un gas inerte (normalmente nitrógeno), que expulsa el aire y evita que se formen óxidos en el interior de las tuberías por las altas temperaturas que se dan en el proceso de soldadura.

 Consejo

Es aconsejable, después de haber soldado, barnizar o pintar la zona afectada para evitar futuras corrosiones y proteger la unión.

Antes de la puesta en marcha de nuevo de la instalación, se debe realizar una prueba para comprobar que han desaparecido por completo las fugas.

Una vez encontrado el punto exacto donde se produce la fuga de refrigerante, pueden darse dos posibilidades; estas se explican a continuación.

La fuga se produce en un punto interior de la unidad condensadora

Este tipo de fuga es muy poco frecuente, porque las uniones y elementos del interior de la máquina son soldadas y ya han pasado unos controles de calidad que garantizan la estanqueidad del circuito para su correcto funcionamiento, salvo que se hubieran realizado labores de mantenimiento interno de la máquina, que implicarán apertura del circuito.

 **Nota**

La unión soldada de la entrada al compresor, tras haber sido sustituido, puede presentar alguna imperfección que provoque una fuga de refrigerante.

Se extraerá todo el refrigerante del circuito para poder reparar la fuga. Después se procederá al corte y retirada del tramo de tubería o elemento deteriorado.

A continuación, se injertará la pieza sustituida o tramo de tubería soldándola al circuito o simplemente se ensanchará la tubería para realizar una unión soldada.

La fuga se produce en el recorrido de tuberías que une la unidad evaporadora y el condensador

Es mucho más probable que la fuga se dé en puntos donde existan soldaduras o acoplamientos. Destacan zonas como:

- Uniones abocardadas de tuberías de conexión del circuito.
- Soldaduras en las tuberías de conexión del circuito.
- Llaves de servicio y tomas de presión (válvulas obuses).

Para la reparación de estas fugas, no es necesario extraer el refrigerante del circuito, ya que se puede acumular en la unidad exterior.

Los pasos a seguir para recoger el gas de la instalación en la unidad exterior, siempre que se tenga que abrir el circuito, son:

1. Encender el equipo en la función de refrigeración.
2. Cuando el compresor esté arrancado, conectar el manómetro de baja a la válvula de carga de la unidad exterior.
3. Cerrar con la llave Allen la válvula de servicio de la línea de líquido (de menor diámetro).

4. Cuando el manómetro llegue a 0,5 kg/cm², cerrar también la línea de gas (de mayor diámetro) con la llave Allen y desconectar la unidad.

5. El refrigerante está almacenado en la unidad exterior. Ya se pueden desconectar las tuberías frigoríficas.

6. Desconectar el punto donde se produce la fuga de refrigerante y repararlo.

7. Si el abocardado de la tubería está mal, se corta y se vuelve a realizar.

8. También puede que la tuerca o la propia tubería se hayan agrietado por apretar demasiado. Habrá que sustituir la tuerca o cortar el trozo agrietado y volver a abocardar y unir la tubería, esta vez correctamente.

9. Si es una unión soldada, hay que cortar el tramo, ensanchar un extremo e introducir el otro en este para volver a soldar.

10. Finalmente, se hará el vacío y el ajuste de la carga de refrigerante, instalando el termómetro al final del evaporador para controlar los grados de recalentamiento que se estimen oportunos según la temperatura exterior.

 Nota

Un punto común de fugas se da en las válvulas de servicio del compresor. En este caso, su control es sencillo. Se debe montar con cuidado la arandela metálica que junta la válvula y el tapón y apretar con fuerza el tapón tras revisar el prensaestopas, que cierra, uniendo el vástago de la válvula y el cuerpo de la misma.

 Aplicación práctica

Utilizando agua jabonosa, detecta una pequeña fuga en la unión abocardada de la tubería de alta presión de la unidad condensador. Repara la unión y, al aplicar la solución jabonosa para comprobar que ha desaparecido la fuga, se observan nuevas burbujas. ¿A qué puede ser debido?

Continúa en página siguiente >>

<< Viene de página anterior

SOLUCIÓN

Las burbujas jabonosas se producen porque siguen existiendo fugas, lo cual significa que la reparación no ha sido realizada correctamente, por lo que habría que volver a realizar nuevamente todo el proceso de reparación.

---

4. Aislamiento de tramos o elementos del circuito

Un adecuado aislamiento se puede considerar como el principal factor de ahorro en el consumo energético de una instalación de climatización.

Algunos aspectos para impedir las pérdidas de temperatura respecto a locales contiguos y al exterior, y así conseguir el objetivo de ahorro energético, son: buen aislamiento del local en su conjunto, características térmicas adecuadas y que el edificio haya sido proyectado según la normativa vigente.

Pero lo que de este apartado se ocupa es del aislamiento de las partes del equipo de climatización.

Las condiciones térmicas del fluido refrigerante que circula por el interior de los conductos de las instalaciones de climatización son diferentes a las condiciones térmicas del aire exterior, lo que se traduce en una transferencia de calor entre los dos sistemas.

Cuando la transferencia es demasiado alta, se da una pérdida de eficiencia del sistema y un aumento de su coste energético.

Otro posible efecto de un deficiente aislamiento es el riesgo de condensaciones en las paredes de los conductos de refrigeración, debido al enfriamiento localizado del aire y al aumento de su humead relativa.

Un mal aislamiento de los circuitos afecta a la eficiencia del sistema, ya que parte del intercambio de temperatura se realiza en las tuberías, en lugar de en las baterías de intercambio.

 Importante

El RITE incide especialmente en los espesores mínimos de aislante a emplear para minimizar las pérdidas energéticas y evitar condensaciones, proporcionando un método de cálculo para obtener unos mínimos en materia de aislamiento.

Centrándose en un equipo de climatización y sabiendo que un mayor contacto del circuito de refrigeración con el exterior implica mayor consumo energético, que es igual que decir que disminuye su eficiencia energética, se intenta en el diseño de los equipos de climatización que el recorrido del circuito ofrezca la mínima superficie de intercambio térmico con el exterior en las zonas no destinadas a este fin. Se intentará que el recorrido de tuberías sea lo más corto posible, disminuyendo así la superficie de intercambio de calor.

La parte más sensible a estos problemas son las tuberías de unión entre evaporador y condensador, ya que ofrecen mayor superficie de intercambio, pero no hay que descuidar el aislamiento de válvulas y otros componentes. En equipos de climatización partidos, con condensador y evaporador unidos por tuberías, se deben aislar dichas tuberías, ya que no es en esta parte del circuito donde se pretende intercambiar calor con el exterior.

En el mercado, es posible encontrar tuberías frigoríficas de distintas secciones que ya vienen provistas de aislante.

 Nota

Para descubrir la parte de la tubería sobre la que se va a trabajar, solo hay que cortar el aislante acolchado.

Las tuberías que no cuentan con el aislante se pueden aislar con coquilla aislante, adecuada al diámetro de la tubería.

 Definición

Coquilla
Cubierta polimérica o de otro tipo de material aislante térmico, que se coloca abrazando tubos de conducción de fluidos en instalaciones de frío o calor. Su función es mejorar la eficiencia energética de estas, evitando pérdidas de energía.

El aislante debe procurar ponerse antes de abocardar o unir la tubería por ambos extremos, ya que se pone introduciendo la tubería dentro del hueco que la coquilla tiene para ello.

 Importante

Debe escogerse una coquilla aislante que se ajuste perfectamente al diámetro de tubería que se quiere aislar.

En los casos en que la tubería ya esté colocada, se puede utilizar una coquilla que está abierta longitudinalmente. Se abre la coquilla y se coloca envolviendo la tubería, dejándola cubierta; luego se aplica un adhesivo especial que selle la unión longitudinal a lo largo de toda la tubería.

Coquillas de diferentes diámetros

 **Nota**

Cuando se usen estos adhesivos, se leerán las instrucciones del fabricante, ya que, en muchos casos, indican que no se ponga en marcha el equipo hasta pasados un par de días, en los que el adhesivo ha actuado por completo.

También existen en el mercado aislantes con protección mecánica que, aparte del acolchado aislante, tienen una capa exterior rígida que los protege.

Para aislar otras partes del circuito de refrigeración, más irregulares que las tuberías, como puedan ser llaves y válvulas, se puede emplear una cinta adhesiva aislante, con la que se cubren estas partes.

En muchos casos, las conducciones y equipos quedan a la intemperie, expuestos a condiciones adversas, como radiación solar, temperatura, humedad o animales. A pesar de que el aislante solamente parece un trozo de acolchado, tiene una función muy importante en el funcionamiento del equipo frigorífico.

Al estar formados los aislantes con materiales acolchados, se van deteriorando a lo largo del tiempo, por lo que deben ser reemplazados.

En muchas ocasiones, se desprecia la función de los aislantes en las instalaciones de climatización, dejando que se deterioren con el paso del tiempo sin darles importancia, afectando en gran medida a su eficiencia.

Importante

Sustituir el aislante deteriorado es parte del mantenimiento correctivo y, aunque es relativamente simple, el efecto que causa en la instalación es muy beneficioso, aumentando el rendimiento y disminuyendo el coste energético que se traduce en ahorro económico del usuario.

Aplicación práctica

Con el paso del tiempo, la coquilla aislante de las tuberías que conectan el evaporador con el condensador, está tan deteriorada que su grosor ha disminuido considerablemente e incluso, en algunos tramos, la tubería está totalmente descubierta y en contacto directo con el aire exterior. Se decide renovar este aislante.

1. ¿Podría colocarse la nueva coquilla aislante directamente sobre la deteriorada?
2. ¿Qué tipo de coquilla debe emplearse?
3. Explique el procedimiento de colocación.

SOLUCIÓN

1. No. Lo primero que se hará será retirar el aislante deteriorado que queda a lo largo de las tuberías, ya que si se pone un nuevo aislante encima, el viejo impedirá que el nuevo se ajuste a la tubería como debería.

Continúa en página siguiente >>

<< Viene de página anterior

Retirada del aislante deteriorado

2. El aislante a emplear en este caso concreto es el que se puede abrir longitudinalmente, ya que no se va a desmontar el circuito frigorífico para poder meter la coquilla aislante por los extremos desmontados.

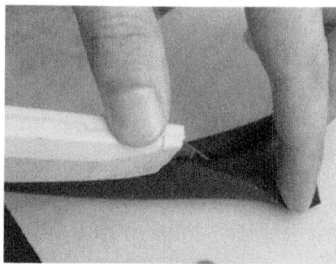

Apertura longitudinal de la coquilla

3. Se sitúa la coquilla envolviendo las tuberías de refrigerante, se aplica el adhesivo adecuado para sellar la unión longitudinal de la coquilla y se presiona para que quede bien sellada.

Continúa en página siguiente >>

<< Viene de página anterior

 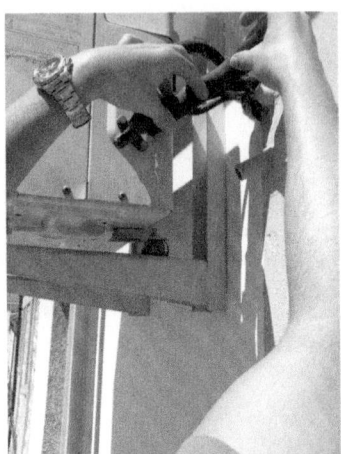

Colocación de la coquilla

Se utilizará adhesivo también en las juntas de tramos de coquilla y en las uniones finales, dejando el aislante de la tubería sin ninguna imperfección por donde pueda penetrar el aire exterior.

5. Evacuación del refrigerante

En un sistema de refrigeración, todo lo que no sea refrigerante en estado líquido o gaseoso y aceite seco, debe ser eliminado de su interior.

El aire y la humedad que pueda contener el sistema se eliminan con más facilidad si se conecta el sistema a una bomba de vacío y se hace funcionar esta de forma continuada el tiempo necesario para hacer un vacío profundo en el sistema.

 **Importante**

Está totalmente prohibida la realización de barrido con gas refrigerante para eliminar la humedad y el aire que se pueda encontrar en el interior.

Para la realización del vacío son necesarios:

- Un juego de manómetros o bien un puente de manómetros.
- Una bomba de vacío de tamaño adecuado al servicio a realizar.
- Un juego de mangueras de conexión.

Todos ellos dotados de rácores compatibles con los existentes en la instalación.

Para realizar el vacío, lo primero que debe hacerse es conectar de manera segura cada manguera en su lugar correspondiente. La bomba de vacío se conecta al puente manómetro a través de la llave de carga de la tubería de líquido. El puente manómetro se conecta a los orificios de las válvulas de aspiración y descarga del compresor.

A continuación, se abre la llave de carga del puente manómetro. Al abrir la llave de carga de la tubería de líquido, se establece la conexión con la bomba de vacío.

Se arranca la bomba de vacío y, seguidamente se abren las válvulas que conectan la bomba de vacío y la instalación.

Se deja la bomba en marcha, haciendo el vacío en la instalación. La presión que se debe obtener ha de ser menor que la tensión de vapor de agua que corresponde a la temperatura más baja del sistema. El tiempo para conseguir el vacío va a depender del tamaño de la instalación y de la capacidad de la bomba de vacío. Una vez que se ha alanzado la presión de vacío, debe mantenerse encendida la bomba aún un tiempo prudencial. Cuando el manómetro indica que vacío alcanzado es el adecuado, primero se cierran las llaves de paso

del manómetro y después se desconecta la bomba. A veces, es conveniente
que mientras se realiza el vacío, se aporte calor al circuito para favorecer la
eliminación de humedad. Para ello se recurre a aire caliente, lámparas para
calentar, etcétera.

Conexión de manómetro, bomba de vacío y equipo para realizar vacío

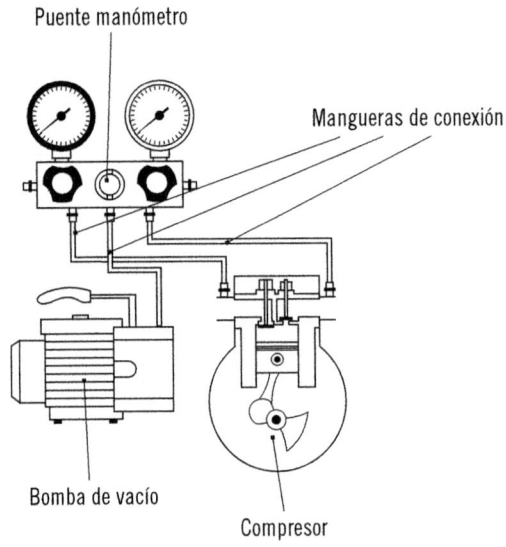

Puente manómetro

Mangueras de conexión

Bomba de vacío

Compresor

 **Nota**

Calentando ciertas partes del circuito, se impide que mientras se está realizando el vacío,
el vapor de agua se transforme en hielo, haciendo imposible su eliminación.

La reparación de fugas en los sistemas que requieren trabajos de soldadura,
el desmontaje de los equipos o el traslado de los mismos son algunas de las
situaciones que requieren la evacuación del refrigerante del sistema.

6. Sustitución o reparación de compresores, evaporadores, condensadores, filtros, válvulas de expansión, tramos de tubería y demás elementos del circuito frigorífico

Cuando ya se tiene la causa de la avería y se ha encontrado el elemento dañado, se procede a su reparación o a su cambio por uno que funcione.

Lo más normal es que se necesite abrir el circuito frigorífico. Como ya se conocen los problemas que la humedad puede causar en las instalaciones frigoríficas, deben extremarse las medidas para evitar la absorción de agua por parte del refrigerante.

 Nota

Para muchas actuaciones de reparación y sustitución, el técnico deberá emplear un puente manométrico, que deberá conectarse a su toma correspondiente antes de realizar cualquier acción, proporcionando información sobre el estado del sistema y del gas en su interior. Además, por medio de sus llaves de paso, se controla la entrada o salida del interior de los equipos de refrigeración.

Seguidamente serán descritos los procedimientos más comunes para la sustitución y reparación de los componentes de los equipos frigoríficos.

6.1. Evaporadores

El evaporador es uno de los componentes principales de toda instalación frigorífica, porque en él es donde verdaderamente se produce el frío, absorbiendo calor del ambiente que lo rodea, para evaporar el líquido refrigerante que circula por su interior.

Cada una de las partes que componen el evaporador puede averiarse. A continuación, se muestran las principales averías que pueden tener lugar en ellas y cómo solucionarlas.

Batería de intercambio

Es un circuito de tubería que además suele estar aleteado, para aumentar la superficie de contacto con el aire al que le absorbe calor.

Realmente, es muy difícil que en esta parte del evaporador se produzcan fugas. El principal problema que se presenta en esta parte es la acumulación de suciedad que dificulta el paso de aire y disminuye el intercambio de calor, bajando el rendimiento de la máquina.

Se soluciona retirando los filtros y eliminando la suciedad que se acumula entre las aletas por medio de aspiración o soplado con aire a presión.

 Nota

Los filtros son una primera barrera contra la suciedad.

Ventilador

El ventilador se encarga de forzar el paso de aire a través de la batería de intercambio, por lo que indirectamente regula el proceso.

Los fallos que pueden tener lugar en el ventilador son: su deterioro con el paso del tiempo, el desgaste de las transmisiones entre el motor de acciona- miento y el ventilador y fallo eléctrico del motor que acciona el ventilador.

Ante una avería, se abrirá la máquina y, si la pieza deteriorada es el motor, se extraerá, separándolo de sus anclajes y de las trasmisiones, para reponerlo por otro de iguales características y en la misma disposición que su predecesor.

Sistema eléctrico y electrónico

La entrada de alimentación eléctrica al sistema es casi siempre por medio del evaporador (sobre todo en equipos domésticos). El evaporador manda la energía y señales de funcionamiento necesarias al condensador, que se suele situar en el exterior, a través de un cable multifilamento.

La avería eléctrica se puede producir porque los cables no se encuentren anclados firmemente en sus conexiones, porque estén sueltos o porque la co- nexión sea incorrecta. Para solucionar estos problemas, se abrirá la tapa de conexión y se comprobará que todos los cables están bien sujetos y que los colores del cable multifilamento están conectados en símbolos coincidentes, tanto en el evaporador como en el condensador.

 Aplicación práctica

La conexión en la máquina de condensación está realizada según la siguiente imagen:

Continúa en página siguiente >>

<< Viene de página anterior

Esquema de conexión de la máquina de condensación

Esquema de conexiones exterior

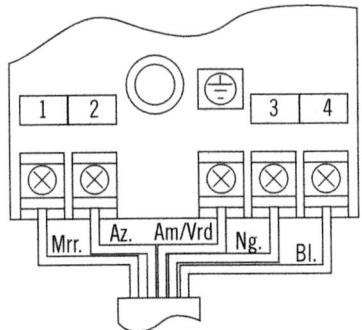

¿Con qué colores se unirán los símbolos que aparecen en el cajetín de conexiones del evaporador?

SOLUCIÓN

La unión en el evaporador se hará de la misma manera que en la máquina condensador (deben aparecer los mismos números y símbolos), concretamente:

- 1 con cable marrón.
- 2 con cable azul.
- 0, de toma de tierra, con cable amarillo y verde.
- 3 con cable negro.
- 4 con cable blanco.

(La simbología de la tapa relaciona los números con la abreviatura de los colores, pero en inglés).

Conexiones realizadas

6.2. Condensador

Su misión consiste en condensar o licuar (convertir en líquido) el gas que le llega procedente del compresor. También en las últimas vueltas del condensador, el líquido ya condensado se subenfría.

 Nota

Los componentes del condensador son similares a los del evaporador, pero con la función inversa.

Batería de intercambio

Es un circuito de tuberías por donde fluye el gas refrigerante, que, en contacto con el aire exterior, se condensa.

Las posibles anomalías en esta parte del condensador van a ser debidas a la suciedad y se solucionan quitando la carcasa de la máquina y aplicando aire o agua a presión que retire la suciedad.

Ventiladores

Su posible sustitución y reparación sería similar a la de los evaporadores. Los fallos de funcionamiento de los ventiladores pueden ser:

- Que el ventilador no funcione porque se haya producido un fallo en el motor, en cuyo caso será necesario proceder a su sustitución.
- Que debido a un error de instalación, el ventilador gire en sentido contrario. Para solucionarlo habrá que invertir las conexiones.
- Que las aspas del ventilador estén dañadas o deformadas, a causa de una manipulación inadecuada, lo que se solucionará rectificando las deformaciones o procediendo a la sustitución del ventilador.

Sistema eléctrico y electrónico

A parte de lo dicho para el evaporador, habrá que tener en cuenta los cortes por protección del motor.

6.3. Válvulas de servicio no estancas

Cuando se produce una disminución de la potencia frigorífica en el equipo, pero se mantienen la potencia consumida por la instalación y el resto de parámetros (niveles de aceite y refrigerante, ajuste de termostatos y presostatos, etcétera) dentro de la normalidad, se realizan pruebas de rendimiento al compresor. En el transcurso de estas pruebas, pueden detectarse fallos en las válvulas de aspiración y/o descarga, debido a que estas no sean estancas.

Para realizar la prueba de rendimiento, se conecta el puente manométrico en las válvulas de servicio de alta y baja del compresor.

Se separa la tubería del evaporador, abriendo la válvula de aspiración y poniendo en marcha, por un momento, el compresor. La presión en este punto baja de manera notable. Se para el compresor y se observa si la presión en el manómetro de alta es estable o, si por el contrario, comienza a bajar.

Si la presión de alta desciende y la presión de baja aumenta de cero, es síntoma de que la pérdida está en las válvulas de descarga y de succión.

En cambio, si solo desciende la presión de alta, la fuga se producirá solamente en el lado de descarga, y, si no se logra obtener el vacío pero la alta presión continúa constante tras detener el compresor, la fuga la se encuentra en el lado de aspiración.

Identificada la válvula o válvulas con fuga, se procede a su reparación: para acceder a las válvulas de aspiración y descarga, habrá que desmontar la culata del motor y plato de válvulas. Se reparan las válvulas mejorando las superficies de contacto entre ellas y el cuerpo del compresor, de manera que no pueda quedar hueco a través del cual se pueda filtrar refrigerante. Con un pulido especial de las superficies de contacto, se soluciona el problema.

 **Nota**

La superficie de las válvulas proporciona información acerca de la causa de la rotura:

▌ Cuando no se observa aceite, es la falta de lubricación la causa del desgaste del elemento.

▌ La presencia de una sustancia gomosa negra es provocada por humedad.

▌ Si se detecta carbonilla, el lubricante se ha quemado debido a un sobrecalentamiento de alguna parte del compresor.

6.4. Reparación de válvulas de expansión

Las válvulas de expansión son parte fundamental del circuito de refrigeración, disminuyendo la presión y facilitando el paso del refrigerante de líquido a gas. Al tener partes móviles, son un punto especialmente sensible dentro del sistema, viéndose afectadas por humedad, suciedad o simple deterioro por el paso del tiempo.

Válvulas de expansión automáticas

La causa más común del fallo de este tipo de válvula es la presencia de partículas extrañas entre el actuador y el orificio.

Para limpiar el asiento de la válvula de estas partículas, se puede someter a la válvula a una corriente extra de refrigerante con el objeto de arrastrarlas.

Esto se hace cerrando la válvula de salida del recipiente de líquido, abriendo la válvula de expansión al máximo y abriendo de golpe la válvula de salida del líquido, con la intención de que el colapso de la corriente de fluido arrastre las partículas de su ubicación.

Si después de esta actuación se normaliza el funcionamiento de la instalación, se habrá eliminado el problema y se tendrá que limpiar el filtro de la válvula o sustituirlo por otro más eficaz.

Otra causa que da lugar a un mal funcionamiento de la válvula de expansión automática es la presencia de humedad en el refrigerante, que se congela entre el actuador y el orificio, taponando la sección de paso, parcial o totalmente.

Es posible saber si la causa de la avería es la humedad parando el compresor y esperando a que aumente la temperatura de la válvula (con lo que se funde el hielo formado). Si nuevamente se arranca el compresor, el equipo funcionará correctamente un tiempo (hasta que se vuelva a formar hielo sobre la válvula). Habrá un funcionamiento normal hasta que la humedad vuelva a solidificar.

Para capturar la humedad del circuito, se debe vaciar la instalación de refrigerante y proceder de alguna de las siguientes maneras:

- Cambiar el refrigerante.
- Someter el refrigerante a un proceso de deshumidificación.
- Instalar un filtro deshidratador en el sistema.

 **Nota**

Si con estas medidas no se consigue solucionar el problema, se desmontará la válvula para examinar detenidamente la causa de la avería.

Válvulas de expansión termostáticas

Este tipo de válvulas presenta los mismos problemas que los vistos para las válvulas automáticas. También pueden funcionar incorrectamente debido a una mala ubicación del bulbo sensor que actúa de comando para la válvula.

El bulbo debe estar situado en un punto significativo del recinto, en el cual no pueda verse afectado por fenómenos puntuales que alteren las condiciones internas, ni por la cercanía del evaporador.

Válvula de expansión

 Sabía que...

En los antiguos sistemas de refrigeración se consideraba la válvula de expansión como el celebro del equipo, ya que mantenía las condiciones de sobrecalentamiento útil y total de una manera muy eficiente. En los equipos actuales, este control se lleva a cabo de manera electrónica.

6.5. Compresor

Un compresor bien cuidado, del cual se hace un buen uso, va a durar largo tiempo. Pero, al ser un mecanismo que presenta partes móviles, se deteriorará con el paso del tiempo. Este deterioro se acelera si no se realiza un correcto mantenimiento de la instalación. Entre las principales averías del compresor, se destacan las que se describen a continuación.

Problemas mecánicos

Un problema mecánico del compresor no va a poder ser reparado in situ la mayoría de las veces, por lo que tendrá que ser llevado al taller o enviado al fabricante para que lo repare.

 **Nota**

En algunas ocasiones, el compresor no tiene posible reparación o esta es demasiado costosa.

Para desmontar el compresor, lo primero, es anular la alimentación eléctrica del equipo abriendo su interruptor y, si tiene enchufe, desconectándolo. Seguidamente, se comprueba que sus bornes de alimentación están libres de tensión y se desconectan los cables que llegan a ellos. Se cierran las llaves de servicio del compresor y se vacía el refrigerante y aceite que aún pueda quedar en su interior.

Tras estas actuaciones, el compresor es apto para ser trasladado al taller, donde será reparado.

Para montar el compresor una vez arreglado, se sitúa el compresor en su lugar de origen, se conecta al circuito, se crea el vacío en su interior, se llena de lubricante, se conecta eléctricamente a su línea de alimentación, se pulsa el interruptor y se abren nuevamente las válvulas de servicio, procediendo a cargar la cantidad necesaria de refrigerante.

Cuando se avería el compresor, en ocasiones, será necesario extraerlo totalmente para mandarlo a reparar.

Compresor quemado

Esta avería suele resultar irreparable, por lo que se tendrá que colocar un nuevo compresor. La manera de proceder en este caso es la misma que para el caso anterior, pero sin mandar el compresor a reparar.

Además, en este caso, habrá que limpiar la instalación, el refrigerante y el aceite: hay que limpiar tuberías y accesorios, sin olvidar los filtros de todos los elementos, ya que cuando se quema el compresor, debido a las altas temperaturas generadas en presencia de aceite, se suelen formar ácidos.

Compresor para ser reparado: en ocasiones, puede ser reparado y, en otras, es más económico sustituirlo.

 Nota

El aceite y el refrigerante pueden tratar de recuperarse si la contaminación no resulta muy elevada, pero, en caso contrario, tendrán que ser eliminados.

Una vez reparado el compresor, hay que recargar el circuito de refrigerante con el tipo y peso preciso de refrigerante.

Consejo

Se recomienda utilizar una báscula electrónica para realizar la carga por peso.

Se pone en marcha la unidad para comprobar el buen funcionamiento y ajuste de la carga o corregir estos parámetros. Para esta comprobación, se deja funcionando el sistema durante 48 h.

Si es posible, se toma una muestra de aceite del sistema para comprobar su acidez. Cuando el valor de esta acidez está por encima de 0,05, se reemplazan los filtros secadores en las líneas de líquido y aspiración. Si los valores de acidez se mantienen por debajo de la cifra indicada, se puede considerar que el sistema está limpio.

Golpe de líquido en el compresor

Cuando el equipo pasa largos periodos parado, el aceite se mezcla con el refrigerante en el cárter del compresor. En el momento en que la instalación se conecta, el vacío producido en el cárter provoca la evaporación del refrigerante, que puede arrastrar gotas de aceite y producir el llamado "golpe de líquido". El golpe de líquido por aceite del compresor supone otro grave problema para la instalación.

Nota

La gravedad de este suceso dependerá de factores tales como el tipo de aceite empleado, la carga de este y el tiempo que el sistema ha estado parado.

Algunos compresores están dotados de un calentador eléctrico del cárter que evita los golpes de líquido. El empleo de los calentadores del cárter es fundamental en el caso de sistemas en los que el compresor se encuentra expuesto a temperaturas ambientes bajas. Mientras mayor es la carga de refrigerante en el circuito, más adecuada es la instalación de este tipo de calentadores.

6.6. Filtros

El filtro deshumidificador es un dispositivo que contiene en su interior una unidad filtrante (filtro de malla) y una unidad desecante o absorbente (de sílica gel, alúmina activada o filtro molecular) con los que elimina la humedad y otras partículas contaminantes del sistema de refrigeración.

Filtro deshumidificador

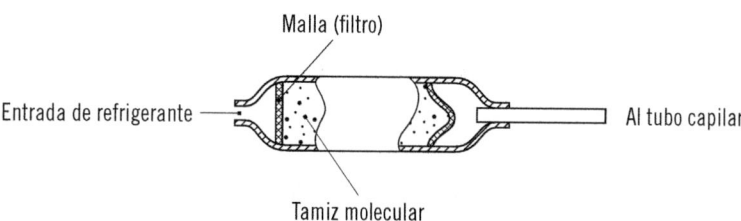

Malla (filtro)

Entrada de refrigerante

Al tubo capilar

Tamiz molecular

Los filtros se sustituyen: cuando haya una gran cantidad de sólidos retenidos por el filtro (lo que hace que se produzca una caída de presión superior al límite previsto), cuando el desecante se haya saturado de humedad y siempre que se abra el sistema, independientemente de por qué se abra.

Hay filtros totalmente sellados y filtros recargables. Los filtros totalmente sellados son desechables y, una vez que se han saturado de humedad, se cambian por uno nuevo. En los filtros deshidratadores recargables se cambian los bloques desecantes, para lo cual uno de sus extremos se puede abrir y cerrar.

Para sustituirlos, se cortan los extremos del filtro, dejando margen para después acoplar en su lugar uno de iguales características y dimensiones.

Importante

Es importante asegurar los filtros de forma que su peso no sea soportado totalmente por la tubería, ya que de lo contrario, pueden producirse fugas.

Antes de realizar estas operaciones hay que vaciar la línea de refrigerante y aislar el filtro, cerrando las válvulas de paso o de servicio de la línea, para, después de efectuar el cambio, realizar el vacío y volver a introducir el refrigerante.

En los cambios de filtro, hay que tener en cuenta el sentido del flujo y colocarlos según se indique.

Consejo

Cuando se le quiten los sellos, hay que instalarlo lo más pronto posible, para que no se deterioren.

6.7. Conductos

Es muy difícil que se produzcan fisuras en el continuo de una tubería, pero, como ya es sabido, en las uniones hay muchas más posibilidades. Para la reparación de los conductos que unen el evaporador y el condensador, de manera que el circuito quede cerrado y estanco, ante una fuga, se procederá sustituyendo parte o todo el tramo de conducto afectado.

Otro problema que puede presentarse en el conducto es que se encuentre abollado, por ejemplo por un golpe o por realizar una mala curvatura del tubo. No es una avería grave, pero puede producir un ruido desagradable al pasar el refrigerante por este punto. Para reparar, se procede de igual manera que si en este punto de irregularidad hubiese una fuga.

7. Limpieza de circuitos frigoríficos

Los circuitos frigoríficos son muy sensibles a la humedad y a otros cuerpos extraños. Su presencia dentro del circuito, aparte de provocar un mal funcionamiento, deteriorará las partes más sensibles del sistema, por lo que una vez ha penetrado en el circuito alguno de estos agentes, se debe realizar una limpieza del circuito para que la instalación funcione correctamente.

7.1. Eliminación de la humedad

El agua se puede acumular en cualquier hueco del circuito. La forma de eliminar la humedad de los circuitos es hacer que el agua se evapore. Si en el circuito ha penetrado la humedad, no hay otra opción que vaciar, limpiar y deshidratar el circuito.

Para que el agua se evapore, se va bajando la presión en el circuito hasta hacer el vacío y, para favorecer el cambio de estado de líquido a vapor, se aporta simultáneamente calor a las zonas del circuito donde se sospecha que puede haber agua con un secador de pelo, un soplete, o una manta térmica, pero con mucho cuidado de no quemar nada. Este primer paso de realización de vacío del sistema se mantendrá al menos tres o cuatro horas.

Conexión para hacer el vacío, utilizando una bomba de vacío que se conecta al equipo por medio de un puente manométrico.

Definición

Manta térmica
Resistencia eléctrica protegida por una funda aislante que se adapta al contorno de las
partes a las que se quiere trasmitir calor.

A continuación, hay que romper el vacío con nitrógeno seco para que, cuando se introduzca dentro del circuito, se sature con el agua en estado de vapor.

Nota

Estas operaciones se realizarán tantas veces como sea necesario para eliminar por completo la humedad.

Aplicación práctica

**Una deficiente instalación ha provocado que en el circuito frigorífico penetre hume-
dad. Se detecta que la unión abocardada en la unión de baja presión está agrietada
porque ha sido apretada en exceso. ¿Cómo se saca la humedad y se consigue de nuevo
que el equipo funcione adecuadamente?**

SOLUCIÓN

Se extrae todo el refrigerante del circuito, calentándolo para facilitar la extracción. El
refrigerante se guarda, para limpiarlo o reciclarlo, según proceda.

Como se sabe dónde está la avería que ha causado el problema, se soluciona cortando
el tramo agrietado, abocardando de nuevo y uniendo otra vez, apretando con la presión
necesaria para que no se den fugas, pero sin deteriorar la tubería.

Continúa en página siguiente >>

<< Viene de página anterior

Una vez arreglada la avería, se elimina la humedad por la realización del vacío con aporte de calor y barrido con nitrógeno seco, antes de volver a introducir el refrigerante.

7.2. Empleo de disolventes

Muchas sustancias de las que contaminan los circuitos se eliminan mediante el empleo del disolvente adecuado. Se utiliza un disolvente u otro en función de lo que se desea eliminar (agua, humedad, hidratos, aceites o ácidos).

 Nota

Para efectuar la limpieza con disolventes, se emplea un equipo de limpieza que consta de un depósito de líquido limpiador y una bomba de circulación.

La limpieza del circuito se realiza por tramos, pero primero habrá que vaciar el circuito de refrigerante y almacenarlo para reciclarlo o desecharlo, según proceda. La limpieza por tramos, con el circuito vacío de refrigerante, se efectúa de la siguiente forma:

1. Se desconectan el compresor, las válvulas de expansión y regulación, el filtro deshidratador y otros elementos, como el evaporador y el condensador, para sectorizar la limpieza.
2. Se limpian individualmente los elementos con disolvente y se dejan secar.
3. Cuando se tenga el circuito limpio, se desconecta la bomba de limpieza y los tramos del circuito se someten a un barrido de disolvente junto con un gas inerte (normalmente nitrógeno) para eliminar el líquido limpiador.

4. Por último, habrá que montar el compresor y efectuar el vacío profundo de la instalación y su carga de refrigerante.

 Nota

En equipos partidos, hay que desmontar la unidad exterior y limpiarla en taller, desoldando el compresor, mientras que la unidad interior y las tuberías de interconexión se pueden limpiar in situ, conectando el equipo de limpieza con impulsión al tubo de gas y la aspiración al de líquido.

Cómo realizar el barrido

Se conecta la impulsión del equipo en la válvula de servicio de baja presión y la aspiración en la de alta: en un extremo, se conecta la botella con nitrógeno a presión y disolvente y, por el otro, el depósito o recipiente de recogida de residuos.

Se abre la descarga de disolvente. Este líquido limpiador se hace circular en sentido inverso al paso del refrigerante, durante el tiempo preciso para que pueda arrastrar los depósitos y contaminación.

Equipo de limpieza de circuitos, que introduce líquido limpiador tantas veces como sea necesario para que el circuito quede limpio

 **Consejo**

El momento de dejar de hacer circular el líquido limpiador llega cuando se observa que en el recipiente del retorno se recoge solamente disolvente limpio, sin manchas, ni olores ácidos.

Finalmente, se cierra la descarga y se hace un segundo barrido, pero esta vez solo con nitrógeno, para arrastrar los restos de disolvente del circuito.

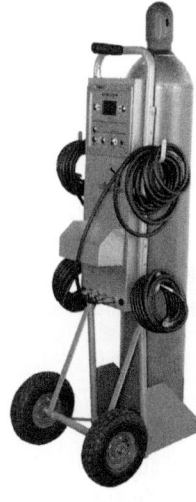

El nitrógeno, al ser un gas inerte, es el gas que se emplea para asegurar la limpieza del circuito.

Para acabar el proceso, una vez limpios todos los elementos, se vuelven a conectar, se hace vacío en el circuito, se carga con el refrigerante necesario y se pone a funcionar de nuevo el equipo.

7.3. Limpieza del motor quemado

Es posible reconocer con facilidad el motor quemado por el olor a quemado del sistema de refrigeración. Cuando el motor de un compresor hermético se quema, el aislamiento del bobinado de estator produce carbonilla, agua y ácido, que hay que limpiar del circuito de refrigerante antes de poner un nuevo compresor. El circuito puede ser limpiado parcialmente por medio del disolvente adecuado antes de colocar nuevamente el compresor. Además, hay que añadir o sustituir el filtro deshidratador, el pistón de la válvula inversora y el tubo capilar si se ha contaminado.

 ## Consejo

Es conveniente instalar, en la línea de aspiración, un filtro secador con un cartucho antiácido.

 ## Aplicación práctica

Se ha quemado el compresor del circuito frigorífico y la reparación incluye la sustitución por uno nuevo. Para que el importe de la reparación se reduzca, los propietarios no quieren que se sustituyan los filtros de la instalación, ¿qué consecuencias puede tener para la instalación?

SOLUCIÓN

Una vez que se ha cambiado el compresor, hay que eliminar los restos de sustancias que hayan podido originarse o entrar en el sistema durante los trabajos de montaje. Aunque se realice una limpieza del circuito, hay que asegurarse de que se eliminan todos los residuos. Esas sustancias van siendo retenidas en los filtros, que acaban saturándose, y es necesario cambiarlos. Además, cuando se abre el sistema, los filtros que estaban instalados quedan sometidos a las condiciones ambientales, por lo que se van saturando de humedad, lo que también hará necesaria su sustitución.

7.4. Limpieza de filtros del evaporador

Como mínimo, los filtros se deben limpiar al principio de cada temporada de funcionamiento. Los equipos de solo frío en primavera y los reversibles en primavera y otoño. De todas formas, se tendrá en cuenta el ambiente donde los equipos se encuentran situados y la contaminación del local: polvo de la calle, fumadores, etcétera. La ocupación de los locales es otro factor que influye en la periodicidad de la limpieza.

Los filtros se encuentran antes de la batería de la unidad interior y generalmente están constituidos por planchas de fieltros o esponjas que se extraen con facilidad sin tener que desarmar la máquina, únicamente levantando la carcasa protectora exterior.

 Nota

Retirar los filtros del evaporador para limpiarlos es una tarea no muy compleja. Únicamente se levanta la carcasa del evaporador y, desenganchando la pestaña donde se apoyan, se pueden extraer los filtros.

Se pueden limpiar los filtros haciendo pasar agua a presión desde la parte en contacto con el equipo hacia la parte del filtro externa (donde se deposita el polvo). También es conveniente desinfectarlos con algún espray bactericida.

Retirada los filtros

 **Consejo**

Es aconsejable colocar una pastilla antibactericida en la bandeja de drenaje, con la precaución de situarla de manera que no pueda atascar el sumidero.

7.5. Limpieza de baterías

Tanto las baterías de la unidad exterior como la de la unidad interior se
pueden limpiar muy bien con agua a presión.

Primero, se rocían con detergentes desengrasantes y, pasado un tiempo, se
limpian con agua a presión.

Nota

El caudal utilizado ha de ser susceptible de ser evacuado por el desagüe de la bandeja.

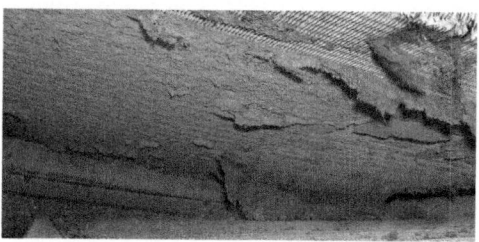

No es bueno dejar que se acumule suciedad en las baterías (aquí se puede ver la parte trasera de la unidad exterior). La suciedad dificulta el intercambio de calor con el aire circundante y disminuye el rendimiento.

En caso de quedar pelusa o restos incrustados que no se puedan arrastrar con el agua, se puede pasar un peine.

8. Carga de refrigerante, recuperación y envasado de gases refrigerantes y aceites

La manipulación de gases refrigerantes y sus lubricantes requiere de técnicas y equipos especiales, específicos para realizar estas funciones con las garantías suficientes.

8.1. Carga de refrigerante

Se pueden presentar tres posibilidades a la hora de realizar la carga de refrigerante:

1. Que solo se necesite añadir un poco de refrigerante al circuito.
2. Realización de la carga completa de refrigerante a una instalación.

3. Realización de la carga completa del refrigerante de una instalación, sin saber la cantidad necesaria.

Seguidamente, serán explicadas estas tres posibles situaciones.

El equipo solamente necesita añadir un poco de refrigerante al circuito

Se pone el equipo en marcha y, pasados al menos unos quince minutos, se enchufa la manguera azul del puente manométrico a la toma de baja presión. La manguera amarilla del centro del puente manométrico se conecta a la botella de refrigerante, en su salida de líquido. Si no posee salida de líquido, se invierte la botella para que salga líquido. Se abren un poco las conexiones de las mangueras para que expulsen el aire que tienen dentro, purgándolas.

Cilindro de carga. Se utiliza para introducir refrigerante en los circuitos frigoríficos.

Lentamente, se gira la llave de la goma azul, para que vaya entrando refrigerante, y se podrá ver cómo el manómetro de baja oscila, pero hay que controlar que no sobrepase demasiado la presión normal. Al cerrar la llave de paso, se verá a qué presión se estabiliza la aguja del manómetro.

Nota

La presión normal es de 4,5 bar para el R-407C. De 8 o 9 bar para el R-410A y aún más elevada para el gas R-32 de manera que para este último, la presión de vapor y la temperatura de descarga en compresión son muy altas. Por tanto, se debe cargar siempre en fase líquida.

Mientras se introduce refrigerante, la presión de baja va aumentando, hasta el punto en que para de ascender. En este punto, suele estar la carga correcta.

Se comprueba que las tuberías de gas están frías y que la parte del circuito de líquido solamente está templada.

También se mide la intensidad de consumo con la pinza amperimétrica.

Nota

Esta debe estar próxima a la intensidad que el equipo indica en su placa de características.

Otro parámetro a controlar son las temperaturas de salida de aire en el evaporador y el condensador.

Si el equipo tiene visor de líquido, simplemente hay que limitarse a añadir refrigerante hasta que por el visor no se observen burbujas de gas.

Carga de refrigerante al completo de una instalación

Conectando la bomba de vacío al puente manométrico, se hace vacío al circuito. Cuando el vacío esté hecho, se cierra la llave de baja, se quita la bomba de vacío y, en su lugar, se pone la botella de refrigerante en su salida de líquido (o girándola si no tiene salida de líquido).

Se coloca la botella sobre una báscula electrónica y pone el indicador a cero.

Balanza electrónica de carga. Se puede medir el refrigerante exacto introducido pesando el diferencial de la bombona de refrigerante.

Se purga el aire de la goma y se abre la llave de paso para que entre refrigerante.

Cuando el peso de la bombona haya descendido la cantidad necesaria, según indica la báscula, se cierra la llave del manómetro y se abre un poco de gas desde la botella (o invierte nuevamente la botella). Esto se hace para que el gas empuje todo el líquido de las tuberías y de la entrada del circuito.

Pasado un momento, suficiente para que el refrigerante se expanda por el circuito, se puede arrancar el equipo.

Aunque no es lo más común, si el equipo dispone de llave de alta presión, es mejor introducir el refrigerante líquido por este punto.

 **Consejo**

Si se trata de un equipo reversible (con bomba de calor), es preferible arrancar este una vez hecha la carga en modo calor para que el compresor, en lugar de aspirar el refrigerante, empuje el refrigerante líquido.

Carga completa del refrigerante de una instalación, sin saber la cantidad necesaria

Se procede igual que en el punto anterior, pero introduciendo una cantidad aproximada en función de la potencia del equipo, realizando una analogía con equipos similares.

 Consejo

Siempre es preferible quedarse corto a pasarse de carga.

Una vez hecha la aproximación en la carga de refrigerante, se arranca el equipo y se completa la carga, añadiendo refrigerante por baja, hasta que el equipo, las presiones, temperaturas y consumos indiquen una carga completa.

El gas refrigerante que se impone en la actualidad es el R-32, por múltiples razones:

- La actual normativa lo impone por ser mucho menos contaminante para el medio ambiente.
- Es un gas puro (no mezcla de varios).

- El gas R32 es un refrigerante más eficiente energéticamente que el R410A.
- Se utiliza un 30 % menos de refrigerante en cada carga que el R410A, lo cual se traduce en un menor consumo y, por tanto, menor gasto de gas.
- En caso de fuga, permite hacer recargas y puede rellenarse el equipo directamente sin necesidad de recuperar el refrigerante remanente en el circuito.
- Su precio y su impuesto es inferior al de los gases R410A y R407C.

 Aplicación práctica

Se debe realizar la carga de un equipo de refrigeración del que no se tienen los datos precisos de carga. Describa cómo haría para ajustar la carga de refrigerante a esta instalación en concreto.

SOLUCIÓN

Primeramente, se haría una aproximación de carga (quedando por debajo de lo estimado), utilizando la báscula y aproximándose a niveles de instalaciones similares.

Para ajustar con más precisión la carga, se conecta el manómetro a la instalación en marcha, en el lado de baja, y, en función de la temperatura exterior medida con el termómetro y del tipo de refrigerante, se realiza la carga, controlando presión y temperatura en el manómetro de baja presión.

También se hace medición de los amperios consumidos, mientras se realiza la carga, rodeando con la pinza amperimetrica el cable de carga. La carga será aproximadamente correcta cuando la pinza indique un dato igual al que aparece en la chapa de características técnicas de consumo del equipo.

8.2. Recuperación y envasado de gases refrigerantes

Los gases refrigerantes no pueden ser liberados al aire, ya que muchos de ellos son muy contaminantes para el medioambiente e incluso pueden ser tóxicos para las personas que los manipulan. Por otra parte, es un desperdicio desechar el refrigerante teniendo la opción de poder reutilizarlo o reciclarlo por medio de los procedimientos adecuados.

La recuperación del refrigerante es distinta dependiendo de que el sistema disponga de un recipiente en la que recoger el refrigerante o que este deba recuperarse en botellas dispuestas para ese fin.

Recogida de refrigerante en la unidad exterior o calderín

Esta recogida de refrigerante consiste en acumular el refrigerante en la unidad exterior. Cuando solamente es necesario actuar sobre el sector de baja presión o si se van a cambiar de sitio equipos split y es necesario desmontarlos, puede realizarse la recogida de refrigerante en la unidad exterior o calderín. En esta recogida es el mismo compresor del sistema el que genera la diferencia de presión necesaria para que el refrigerante se desplace.

La forma de proceder para realizar la recogida de refrigerante en la unidad exterior es la siguiente:

- Se arranca el equipo en modo frío y se conecta el manómetro a la toma de baja presión.
- Cuando el equipo ya está funcionando, se cierra completamente la válvula de servicio de la tubería de líquido y se espera a que la presión del manómetro se reduzca hasta llegar casi a 0 bar. Entonces, se para el equipo y se espera aproximadamente un minuto, para comprobar si la presión vuelve a subir. Vuelve a arrancarse el equipo y se para cuando la presión vuelve a bajar a 1 bar.
- Llegado este punto, se cierra la llave de gas, parando rápidamente la máquina (corte de corriente eléctrica por medio de su interruptor).
- No es conveniente dejar que la presión llegue a 0 bar, porque el circuito queda en vacío y, cuando se desconecten las tuberías, entrará en estas humedad y aire. Además, si se mantuviera el compresor funcionando en vacío, bombearía su propio aceite, lo que acabaría dañándolo.

 **Importante**

Cada vez que se desmonte un equipo o sea necesario abrir en cualquier punto el circuito frigorífico, que es un circuito cerrado, se sellarán las tuberías rápidamente para evitar la entrada de aire y humedad al circuito.

Recuperar refrigerante con un compresor que funciona

El compresor de los equipos puede utilizarse para recuperar el refrigerante de los equipos, siempre que no se encuentre estropeado. La forma de actuar dependerá de la disposición de las válvulas en el sistema.

Para poder recuperar el refrigerante de pequeños equipos de climatización, se sitúa una válvula de servicio en el lado de alta presión. Se sitúa el puente manométrico que conecta este punto con un cilindro de recuperación. Al arrancar el compresor, el gas refrigerante fluirá hacia la bombona, que estará con un vacío de 1.000 micrones o debe contener el mismo tipo de gas refrigerante que se está extrayendo.

 **Consejo**

Es conveniente que el cilindro de recuperación se mantenga a baja temperatura para facilitar la recuperación. Para ello, se enfriará, pudiendo conseguirse rodeándolo de hielo.

Cuando la presión llegue a 0 bar en el lado de baja, hay que desconectar el compresor para evitar que este se queme.

Recogida de refrigerante en recipiente externo a la unidad

Para efectuar la recogida del refrigerante en un recipiente externo a la unidad, se emplean unidades o equipos de recuperación, capaces de generar la diferencia de presión necesaria entre el sistema y el recipiente donde va a recuperarse el refrigerante. El uso de unidades de recuperación permite extraer más cantidad de refrigerante del equipo.

Cada vez existe una variedad más amplia de equipos de recuperación, para adaptarse a las diferentes capacidades, tipos de refrigerante, características técnicas de los sistemas, necesidades de mantenimiento, etcétera, tanto de accionamiento manual (usadas en equipos domésticos con reducida carga de refrigerante), como de accionamiento eléctrico, capaces de retirar en muy poco tiempo refrigerante tanto en fase líquida como en fase vapor. La recogida de refrigerante que se explica a continuación corresponde a la realizada usando estos últimos equipos.

Recuperación en fase vapor

Básicamente, consiste en conectar el lado de baja de la unidad con el lado de succión de la unidad de recuperación a través de una manguera y esta con la botella de recuperación. Una vez que todo está conectado, se arranca el equipo de recuperación y comienza la succión.

La siguiente figura muestra un ejemplo de conexión entre el equipo de refrigeración y la botella donde se almacenará el refrigerante. La unión entre las unidades de recuperación y los equipos se realiza por medio de mangueras de conexión, que serán más eficaces cuanto más corta sea la conexión y mayor su diámetro. Para las conexiones, se emplean diferentes tipos de válvulas.

Proceso de imagen del refrigerante en fase vapor

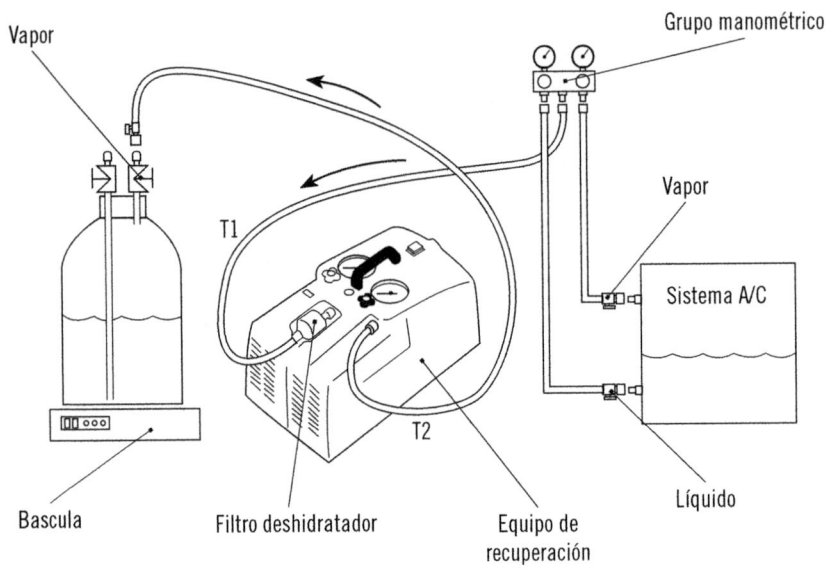

Vapor · Grupo manométrico · T1 · Vapor · Sistema A/C · Bascula  · Filtro deshidratador · Equipo de recuperación · Líquido · T2

![Nota icon] **Nota**

Hay que comprobar que los tubos flexibles y el equipo de recuperación hayan sido previamente purgados.

Para realizar la recuperación de refrigerante según este esquema:

1. Se conectan el equipo de recuperación y el circuito, usando las mangueras y válvulas correspondientes (el sistema se conecta a las tomas de alta y baja de un puente de manómetros y la toma de carga del puente se conecta a la toma de entrada del equipo recuperador a través de un filtro deshidratador por medio del tubo flexible T1).
2. Se conecta la válvula del tubo flexible T2 (impulsión) a la botella de almacenamiento.

3. A continuación, se abren en este orden:

I Las válvulas del grupo manométrico.
I La válvula de la botella de almacenamiento.
I Las válvulas de los tubos T1 y T2.
I La válvula de baipás del equipo de recuperación.

4. Se enciende el equipo de recuperación.
5. Se abre lentamente la válvula de la línea de baja presión del equipo recuperador, regulando la presión del manómetro azul de modo que no supere los 4 bares.
6. Cuando se alcance la presión de -0,2 bares leída en el manómetro de baja presión (manómetro azul), se apaga nuevamente el equipo.
7. Se esperan unos cinco minutos para comprobar que la presión leída en el manómetro azul de baja presión no supere los 0,6 bares. En caso contrario, volver a encender el equipo y repetir el proceso.
8. Si la presión no alcanza los 0,6 bares, cerrar las válvulas del equipo de baja y alta presión. Cerrar a continuación:

I Las válvulas de los tubos flexibles T1 y T2.
I Las válvulas del grupo manométrico.
I La válvula de la botella de almacenamiento.

9. Para finalizar, se desconectan los tubos flexibles T1 y T2 del grupo manométrico y de la botella.

Recuperación en fase líquida (push-pull)

La recuperación en fase líquida es mucho más rápida que en fase vapor. En este sistema, cabe destacar el empleo de una botella con doble válvula (una para líquido y otra para vapor) y la incorporación de grupo manométrico de dos vías.

Proceso de imagen del refrigerante en fase líquida

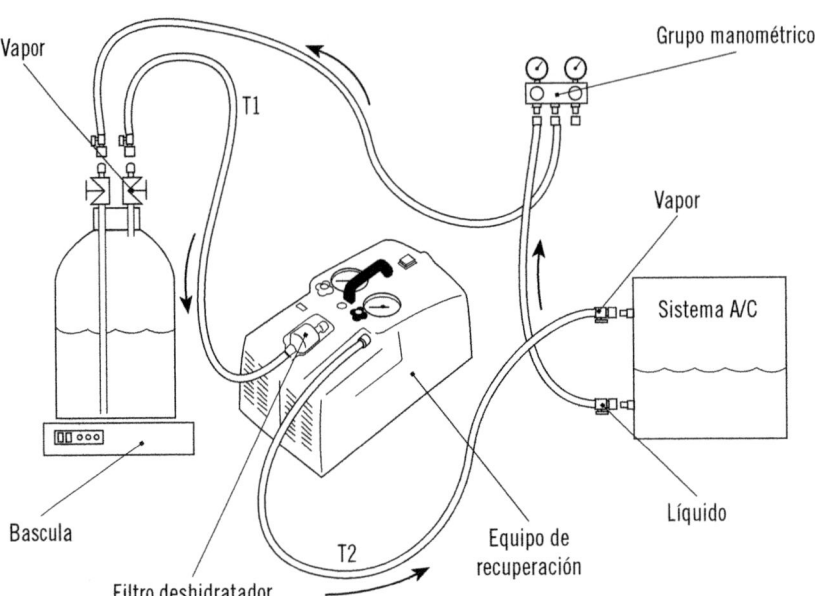

Se establecen las siguientes conexiones:

■ El tubo de líquido del sistema se conecta a la válvula de líquidos de la botella de recuperación.
■ La válvula de vapor de la botella se conecta a la toma de entrada del equipo recuperador.
■ La toma de salida del equipo recuperador se conecta con el lado de vapor del sistema.

A continuación, se abren las válvulas:

■ Las de baja y alta del equipo de recuperación.
■ Las de conexión de los tubos flexibles al equipo de recuperación.
■ Las del grupo manométrico.
■ Las de la botella de almacenamiento.
■ La de selección del modo de trabajo del equipo recuperador, para reciclado.

Tras abrir las válvulas, se enciende el equipo recuperador y el líquido fluye desde la salida de líquido del sistema hacia el cilindro; mientras, la unidad de recuperación hará que la presión dentro de la botella se mantenga más baja que en el sistema (que estará apagado), contribuyendo así a la salida del refrigerante.

Nota

El cilindro de recuperación no se llenará en toda su capacidad, controlándose el llenado de la botella con una balanza electrónica.

La recuperación del líquido se completa cuando, a través del visor del grupo manométrico, no se ve pasar refrigerante líquido.

Aplicación práctica

Si tiene que aumentar la longitud de tubería que va desde el condensador a la unidad evaporadora, ¿sería factible la recuperación del refrigerante en el calderín de la unidad o debería hacerse en un recipiente externo a la unidad?

SOLUCIÓN

En esta situación, no hay que actuar en la parte de la unidad condensadora, por lo que simplemente se pueden seguir los pasos indicados para acumular el refrigerante en el calderín de la unidad y encerrarlo hasta una vez hecha la modificación, (alargada la longitud de tuberías y nuevamente conectadas).

8.3. Recuperación de aceites

Algunos equipos de recuperación de refrigerante también permiten la recuperación del aceite. El procedimiento para la recuperación del aceite usando uno de estos equipos de recuperación comenzaría por establecer las conexiones entre el equipo y el sistema, siguiendo las instrucciones del equipo, como se ha visto, hasta el encendido el equipo de recuperación. A continuación, se abre lentamente la válvula de la línea de baja presión del equipo de recuperación. Cuando la presión interna alcance los 2 bares de presión, se apaga el equipo.

Ahora, se conecta el tubo de descarga de aceite a la válvula que para este propósito dispone el equipo de recuperación y se introduce este tubo en un recipiente graduado (así se sabe la cantidad de aceite extraído) que va a servir para recoger el aceite. Seguidamente, se abre lentamente la válvula de descarga de aceite y se deja salir este hasta que ya no sale más aceite y comienza a salir vapor. En este momento, se cerrará la válvula de descarga de aceite del equipo de recuperación.

 Nota

Si se va a proceder a la recuperación de refrigerante y aceite, una vez que se ha recuperado el aceite, se procede a la recuperación del refrigerante, volviendo a poner en marcha el equipo de recuperación y procediendo de la manera correspondiente al reciclado de refrigerante.

Recogida de aceites de equipos con válvula de drenaje

Los equipos que disponen de válvula de drenaje de aceite permiten al usuario drenar el aceite que ha sido separado del refrigerante recuperado.

Nota

Este aceite puede servir para analizar las condiciones internas del sistema.

El aceite debe ser drenado después de cada uso para asegurar que la misma cantidad de aceite nuevo se ha añadido al sistema.

El drenado del aceite del separador permite que la unidad estabilice su presión. Este proceso durará aproximadamente treinta segundos (30 s).

Se pone la botella graduada bajo la salida del drenaje de aceite y abrir la válvula de drenaje, permitiendo que este salga lentamente hacia la botella donde quedará acumulado.

9. Reciclado de gases refrigerantes y aceites

Refrigerantes y aceites son sustancias peligrosas. Los residuos que se producen tras su manipulación también lo son. Por eso, liberar directamente al aire los gases refrigerantes es una acción prohibida, ya que el perjuicio medioambiental es alto.

La Ley 7/2022 de 8 de abril, establece que la responsabilidad del productor sobre sus residuos no terminará cuando dichos desechos llegan al gestor de residuos, sino cuando se ha completado el tratamiento. Además, se exige una mayor trazabilidad a los gestores para poder decir en todo momento al productor donde está el residuo.

Cuando cualquier refrigerante se recupera de una instalación frigorífica, siempre está mezclado con aceites y, en muchas ocasiones, arrastra humedad e incondensables.

Pero el refrigerante recuperado puede volver a ser reutilizado en el sistema del cual se extrajo o ser usado en otro sistema después de ser tratado, en función del tipo y cantidad de sustancias contaminantes que contenga.

Ejemplo

El refrigerante recuperado de un sistema en el que se haya quemado el compresor podrá volver a ser utilizado si el equipo que se utiliza para su recuperación lleva incorporados un separador de aceite y filtros.

El reciclaje de gases refrigerantes realizado por parte del instalador consiste fundamentalmente someter el refrigerante extraído a un proceso en el que se separa el aceite y pasarlo por dispositivos de filtrado, deshidratado o secado, las veces que sea necesario hasta reducir la humedad, acidez e impurezas, normalmente en el mismo lugar de trabajo.

Cuando el reciclado del gas refrigerante es efectuado por un gestor de residuos, este debe hacer un análisis, generalmente en cromatografía gaseosa, para garantizar la calidad del gas resultante. Sin este análisis es muy difícil diferenciar un refrigerante puro de uno reciclado.

Importante

El reciclado de refrigerantes y aceites solamente puede realizarse por los gestores autorizados, según la normativa vigente.

9.1. Sistemas de reciclado

El reciclaje siempre ha sido parte de las prácticas de servicio en refrigeración. Los diversos métodos varían del bombeo del refrigerante hacia un recipiente, con mínima pérdida, hasta la limpieza del refrigerante quemado mediante filtros secadores. En el mercado, pueden encontrarse dos tipos de equipos de reciclado: el primero se denomina de paso simple y el otro es de pasos múltiples.

Máquinas recicladoras de paso simple

Estos aparatos procesan el refrigerante a través de filtros secadores y/o mediante destilación. En muchos casos, la destilación no conviene y la separación sería mejor. En este método se pasa de una vez del proceso de reciclaje a la máquina y de esta al cilindro de depósito.

Reciclado de paso simple

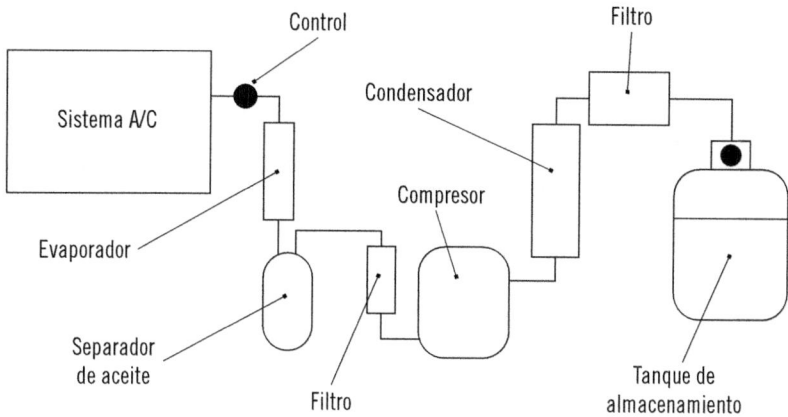

 **Nota**

El tiempo no constituye una medida fiable para determinar en qué grado el refrigerante ha sido bien reacondicionado, debido a que el contenido de humedad puede variar.

Máquinas de pasos múltiples

Estas recirculan el refrigerante recuperado muchas veces a través de filtros secadores. Después de cierto tiempo o de cierto número de ciclos, el refrigerante se transfiere a un cilindro de almacenamiento.

El técnico que esté utilizando el equipo de reciclaje debe tener en cuenta si el reciclaje se produce porque el sistema debe ser desmantelado o si refrigerante va a ser reincorporado al mismo sistema, en cuyo caso se debe considerar la condición que posee el refrigerante.

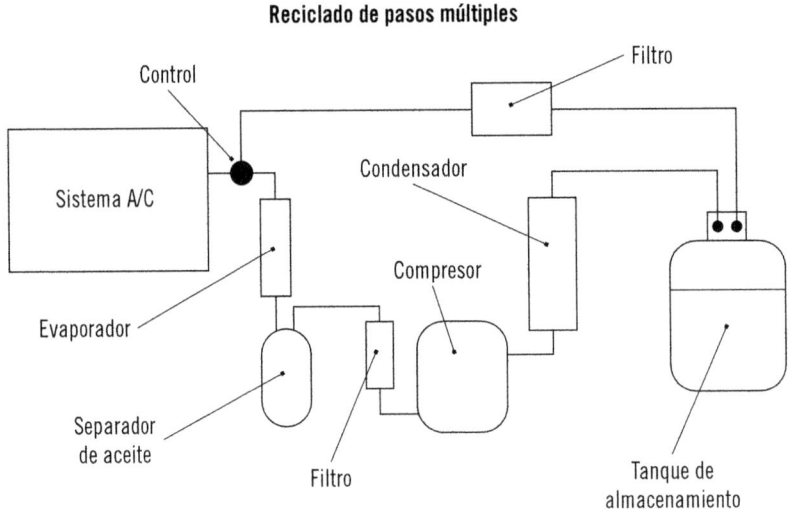

Reciclado de pasos múltiples

Cuando ocurre la separación del aceite del refrigerante, la gran parte de los contaminantes están en el mismo. El verdadero problema se plantea cuando hay quemadura en el compresor. Esto sucede cuando se produce una falla eléctrica dentro del compresor del sistema de refrigeración y puede deberse a una diversidad de factores.

 Nota

La contaminación del refrigerante en este caso puede variar entre ligera y grave, pero lo que causa verdaderos problemas es el aceite.

10. Tramitación conforme a normativa

El Reglamento (UE) 2024/573 del Parlamento Europeo y del Consejo de 7 de febrero de 2024 sobre los gases fluorados de efecto invernadero (F-Gas introduce una reducción gradual para la producción de hidrofluorocarburos (HFCs) y medidas enfocadas a la reducción de la introducción en el mercado de HFCs en el periodo posterior a 2030. Del mismo modo, se establecen disposiciones sobre la recuperación de sustancias procedentes de productos y aparatos, así como sobre la prevención de fugas.

El objetivo del reglamento es establecer las normas sobre la contención, el uso, la recuperación, el reciclado, la regeneración y la destrucción de los gases fluorados de efecto invernadero y sobre las medidas de acompañamiento conexas, como la certificación y la formación que incluye la manipulación segura de los gases fluorados y de las sustancias alternativas que no son fluoradas.

Para realizar el mantenimiento correctivo, no solo con la mayor precisión técnica, sino también acorde a la normativa vigente, es imprescindible tener toda la información técnica posible sobre la instalación frigorífica e incluso sobre los aparatos utilizados en dicho mantenimiento:

- Hay que conocer todos los parámetros de diseño de la instalación frigorífica para poder intervenir sobre ella:

  - Presiones y temperaturas de alta y baja, que dependerán del refrigerante empleado y de la máquina concreta.
  - Sobrecalentamiento y subenfriamiento que debe sufrir el refrigerante en el ciclo frigorífico.
  - Presiones y temperaturas al arrancar y parar la instalación.

- También los datos propios del compresor:

  - Capacidad y tipo de compresor.
  - Intensidad y tensión de funcionamiento, según las condiciones de diseño.
  - Potencia eléctrica de consumo, según el trabajo realizado.
  - Curva de rendimiento y potencia, en función de los regímenes de carga.
  - Rango de presiones de funcionamiento (máxima y mínima).
  - Lubricantes que admite.

- Y del refrigerante:

  - Nombre y composición.
  - Consejos de mantenimiento y almacenamiento.
  - Cómo cargar y descargar la instalación.
  - Compatibilidad con los distintos tipos de lubricantes/refrigerantes.
  - Posibilidad de reciclar, reutilizar, recuperar y eliminar según la normativa vigente.

- Información a conocer del evaporador y del condensador:

  - Tipo y capacidad de sus baterías de intercambio.
  - Cómo mantenerlos y limpiarlos.

- Por último, los datos de los elementos de control:

  ▪ Tipo.
  ▪ Correcto ajuste de diseño.
  ▪ Mantenimiento necesario.

Por otra parte, según la normativa, se debe llevar un registro de las actuaciones realizadas en el mantenimiento de una instalación. Para ello, el instalador se sirve de las hojas de mantenimiento.

10.1. Hojas de mantenimiento

Son medios de control que el técnico de climatización debe tener presentes cuando visita una instalación.

Contienen una serie de huecos donde el técnico mantenedor va anotando las medidas de los parámetros medidos *in situ:*

- Presiones y temperaturas del refrigerante en distintas partes del ciclo.
- Temperaturas en el local refrigerado y caudales de agua y/o aire de refrigeración.
- Además, contienen comprobaciones que no derivan en anotaciones numéricas sino verbales, como pueden ser:
- Revisiones de ausencia de corrosión o fugas en los puntos más críticos.
- Adecuada lubricación, comprobando niveles de aceite.
- Comprobar los niveles de refrigerante.

 Nota

Aunque las hojas de mantenimiento son más o menos estándar para todas las instalaciones, se dan concreciones para cada instalación, ordenando los datos de modo que aparezcan en las hojas en el orden que se deben realizar los puntos de control indicados, dependiendo de la ubicación de los elementos a comprobar.

Este es un ejemplo de ficha de mantenimiento que, siguiendo los pasos y comprobaciones de todos los elementos indicados, da una idea del estado completo del equipo.

Elemento	Comprobación	Cambio, ajuste, reparación que se propone, etcétera
Aceite del compresor	Nivel	Aceite
Aceite del compresor	Acidez	Aceite
Cámara anclajes	Apriete	Ajuste
Cámara paneles	Estado	Cambio o reparación
Cámara puerta	Estado	Ajuste o reparación
Cámara resistencias	Estado	Cambio o ajuste de termostato
Desescarche	Funcionamiento	Cambio o ajuste
Detector de gases refrigerantes	Funcionamiento	Cambio
Gas refrigerante	Presión de descarga, aspiración del compresor	Carga si es necesaria
Gas refrigerante	Humedad en el circuito de gas refrigerante	Filtro deshidratador
Nivel acústico	De todo el sistema funcionando	Apriete y ajuste de piezas
Presostato de alta presión	Funcionamiento, presión y control eléctrico	Cambio o reparar
Presostato de baja presión	Funcionamiento, presión y control eléctrico	Cambio o reparar
Relés térmicos	Verificación de funcionamiento	Ajuste
Sistema de seguridad	Verificación de funcionamiento	Ajuste o cambio

Continúa en página siguiente >>

<< Viene de página anterior

Elemento	Comprobación	Cambio, ajuste, reparación que se propone, etcétera
Termostatos	Estado	Cambio
Válvulas de expansión termostática	Verificación	Limpieza o cambio
Válvulas de seguridad	Se comprueban cada 10 años	Comprobar su calibrado y timbrarlas (personal cualificado)
Válvula solenoide	Verificación	Cambio total o del solenoide

10.2. Tramitación de refrigerantes y aceites usados

El instalador debe inscribirse como productor de residuos en la Consejería de Medioambiente (o delegaciones territoriales) de su Comunidad Autónoma. En la mayoría de las ocasiones, cada Consejería de Medioambiente tiene una página web desde la que se puede descargar la solicitud de inscripción como pequeño productor de residuos. Una vez completada, se ha de presentar en la consejería correspondiente adjuntando además un documento de aceptación firmado con un gestor de residuos autorizado para el tratamiento de estos gases refrigerantes.

Todos los refrigerantes recuperados, en general son tan estables que no sufren alteraciones en su composición química, si bien, están contaminados y no es recomendable volver a reutilizarlos sin haber pasado por manos de un especialista gestor de residuos autorizado, con el que previamente cada frigorista debe tener contrato de colaboración entre productor-gestor de residuos.

Se deben aplicar prescripciones de la Ley 7/2022 y Reglamento UE 2024/573 sobre gases fluorados de efecto invernadero, en todo lo referente a la gestión, recuperación y reciclado de gases refrigerantes y sus residuos.

El gestor, tras el proceso de regeneración, podrá devolver al cliente los HCFC y HFC siempre que cumplan con las especificaciones de la norma ARI 700.

Nota

ARI 700 (Instituto de Aire Acondicionado y Refrigeración) es una norma surgida en los EE. UU. que estandariza las especificaciones de calidad para refrigerantes. Es la principal referencia para las industrias y demás usuarios de refrigerantes, por lo que es seguida en distintos países.

Por último, si se trata de mezclas de refrigerantes diferentes (casi en desuso por su alto poder contaminante) habría que enviarlos para su destrucción.

 Recuerde

El R. D. 115/2017 regula todo lo referente a la distribución y manipulación de gases fluorados y establece los procedimientos de certificación del personal que realiza estas actividades.

11. Ajuste de elementos de control y seguridad tras la reparación en la instalación de climatización

Después de la reparación, el equipo debe volver a funcionar de manera segura, para lo cual deberán instalarse los elementos de control que permitan comprobar tanto que el equipo funciona de forma adecuada, como los posibles fallos o falta de rendimiento que el paso del tiempo o algún desajuste pudieran causar en la instalación.

En general, las instalaciones de climatización tienen un diseño muy seguro. Los problemas de seguridad se pueden originar por una instalación deficiente, por realizar operaciones correctivas erróneas o con una mala terminación, o por un mal mantenimiento y utilización de las distintas partes del sistema.

La mayoría de las veces, ante una anomalía que entrañe riesgo para las personas o para la propia instalación, los mismos mecanismos (automatismos) de la instalación detienen el funcionamiento.

 Importante

Debe impedirse la manipulación de los elementos de seguridad y control de los que dispone el equipo (automatismos, válvulas, manómetros, etcétera), que solo podrán ser manipulados por personal autorizado.

Los principales riesgos que los equipos de refrigeración presentan provienen de dos factores:

- Se trata de sistemas a presión.
- Funcionan con energía eléctrica.

Al ser sistemas a presión, una sobrepresión en algún punto es una posibilidad que habría que tener en cuenta. Por eso, las presiones del circuito se pueden controlar periódicamente visualizando la presión en los manómetros adecuados, ya sean fijos o conexionados a la instalación.

En cuando al uso de energía eléctrica, es un riesgo común a todas las máquinas que emplean este tipo de energía. Las medidas de control, por tanto, son comunes a todas las máquinas eléctricas y las máquinas de climatización no son una excepción, ya que el moto-compresor y los motores de los ventiladores requieren de aporte eléctrico.

Las principales medidas de seguridad eléctrica son:

- Las conexiones eléctricas estarán firmemente ancladas y en su lugar correspondiente.

- La instalación dispondrá de toma de tierra para evitar contactos eléctricos indirectos.
- El aislamiento del aparato y del cableado se mantendrá intacto, sin partes en tensión expuestas, susceptibles de contactos eléctricos directos.
- La instalación eléctrica donde se conecta el equipo de climatización será adecuada a tal fin, cumplirá la normativa eléctrica vigente y constará como sistemas de seguridad de:

1. Circuito de cableado de sección adecuada.
2. Interruptor diferencial.
3. Interruptores magnetotérmicos.
4. Toma a tierra.

12. Resumen

Las operaciones de reparación y ajuste de sistemas de climatización son muy variadas.

En este capítulo, se han visto cuáles son las averías que se pueden producir en las diferentes partes que componen el sistema de climatización, comenzando por las fugas de refrigerante, con diferentes técnicas de detección, y continuando con los diferentes componentes de la instalación.

También se ha visto cómo proceder a su reparación para que el sistema continúe funcionando de manera eficiente, reparando las fugas y reparando o sustituyendo aquellos componentes afectados, según sea la gravedad de la avería. Para proceder a los trabajos de reparación de las fugas, es necesario realizar la evacuación del refrigerante.

Una vez reparada la avería, la limpieza del circuito permitirá la eliminación de la humedad y otros cuerpos extraños que pueden deteriorar el sistema. Posteriormente, podrá cargarse nuevamente el refrigerante.

Como los gases refrigerantes no pueden ser liberados a la atmósfera, es necesario proceder a su recuperación y envasado. Para ello, pueden emplearse equipos de recuperación y botellas de almacenamiento adecuados al refrigerante a recuperar. Como productores de residuos que son, los instaladores están obligados a disponer de un documento de aceptación con un gestor de residuos autorizado, que se hará cargo del tratamiento de las sustancias que no se puedan volver a utilizar.

Las reparaciones realizadas se recogerán en las correspondientes hojas de mantenimiento.

También deberán ajustarse los elementos de control y de seguridad, para que la instalación funcione según los parámetros de diseño.

Ejercicios de repaso y autoevaluación

1. **De las siguientes afirmaciones, diga cuál es verdadera o falsa.**

   a. Las partes del sistema que se desmontan deben mantener cerradas las válvulas o taponados los tubos de conexión, con el fin de que no entre en su interior ningún agente que pueda agravar la operación de reparación.

      ☐ Verdadero
      ☐ Falso

   b. La iluminación del lugar de trabajo tiene que ser suficiente y provocar efecto estroboscópico.

      ☐ Verdadero
      ☐ Falso

   c. Las tuberías que no cuentan con el aislante se pueden aislar con coquilla aislante, adecuada al diámetro de la tubería.

      ☐ Verdadero
      ☐ Falso

   d. En la limpieza de circuitos, se realizarán barridos con nitrógeno.

      ☐ Verdadero
      ☐ Falso

2. **Indique a qué tipo de detector de fugas corresponde cada una de las siguientes opciones.**

   a. No es útil para refrigerantes que no contengan halógenos ni tampoco puede usarse con los que pueden inflamarse. _____

   b. Se aplica con una brocha o pincel sobre las superficies de las partes en las que se sospecha que hay fugas. _____

   c. Están compuestos por una mezcla de aceite y elementos de origen orgánico que brillan, indicando el punto de fuga cuando se alumbra con una lámpara fluorescente. _____

   d. Son muy precisos y existen de varios tipos, según la sustancia a detectar. _____

3. ¿Cómo puede saberse si la fuga se presenta en el lado de baja presión o en el lado de alta presión?

_____

_____

4. ¿A través de qué elemento se conectan la bomba de vacío y el equipo, para hacer vacío y controlar las presiones?

_____

_____

5. ¿Cómo puede saberse cuál es la rotura que presentan las válvulas de servicio, observando los síntomas que se presentan en la superficie?

_____

_____

_____

_____

6. ¿Cómo debe procederse para desmontar un compresor que presenta problemas mecánicos?

_____

_____

_____

_____

_____

_____

_____

7. ¿Cómo se elimina la humedad de los circuitos?

8. Tras realizar la carga completa de refrigerante, ¿cómo es mejor arrancar un equipo reversible una vez realizada la carga de refrigerante?

9. ¿Por qué los gases refrigerantes no deben ser liberados?

10. ¿Qué son las hojas de mantenimiento?

Capítulo 4
Mantenimiento correctivo de instalaciones de ventilación-extracción

Contenido

1. Introducción

El objetivo principal de una instalación de ventilación-extracción es garantizar las condiciones de confort de los usuarios y/o, en caso de personal laboral, mejorar las condiciones en el lugar de trabajo.

Dentro de las distintas opciones de ventilación-extracción, aquella que realiza una distribución de aire por conductos tiene una serie de ventajas, como son la eficiencia energética y la calidad de aire interior.

Para el profesional mantenedor, facilita el trabajo, ya que el mantenimiento es en gran parte centralizado, es decir, que los principales componentes de tratamiento e impulsión del aire susceptibles de sufrir averías se encuentran en un mismo lugar, desde donde parten las ramificaciones de conductos que repartirán el aire.

El mantenimiento correctivo principal de la red de conductos se puede resumir en corregir las posibles deficiencias de estanqueidad y mantener la sección del conducto, corrigiendo irregularidades producidas por golpes o por suciedad, así como mantener una resistencia térmica alta respecto al aire exterior.

2. Técnicas de intervención en el mantenimiento correctivo de instalaciones de ventilación-extracción

Ante una operación de mantenimiento correctivo, es necesario el estudio de la avería que se ha producido, para decidir cómo actuar de forma que se dé al problema la solución más rápida y económica.

2.1. Tipos de intervenciones y actuaciones correctivas

Las tareas de mantenimiento correctivo en instalaciones de ventilación-extracción que se deben realizar en caso de encontrar una avería, van a ser la reparación o la sustitución del elemento dañado.

En el caso de tener que reparar, cabe la posibilidad de que la pieza averiada pueda ser reparada sin tener que extraerla.

Ejemplo

Puede que solamente deba ser limpiada o engrasada o actuar sobre parte de esta con facilidad desde el exterior.

Si embargo, en muchos casos, es más fácil extraer la pieza y volver a colocarla una vez reparada, ya que la accesibilidad y el manejo de útiles se facilita, al no tener las limitaciones de espacio y de movilidad que se darían si el elemento se dejara fijado en su posición funcional.

En el caso de tener que sustituir algún componente del sistema, este debe ser desmontado y extraído del lugar donde se encuentra. Seguidamente, se situará, en la misma posición y con los mismos anclajes que sujetaban el elemento deteriorado, el nuevo elemento, que tendrá unas características funcionales y morfológicas similares al sustituido para evitar desacoplamientos, que podrían producir nuevas averías.

2.2. Detección de la causa de la avería

Tan importante como reparar la avería es localizar su causa, ya que, si no, la reparación será en vano. La manera de localizar la causa es partir desde el punto donde se produce la avería. La causa puede estar en el propio elemento averiado, por lo que es bueno fijarse bien en las características que presenta este. De no encontrarse la causa en el elemento averiado, se empieza a comprobar el sistema en los componentes contiguos al averiado (anterior y posterior) y sucesivamente se recorre el sistema, elemento a elemento, abriendo el abanico desde el punto de avería hasta localizar la causa que lo provocó.

Una vez encontrada la causa, si no es la parte defectuosa, ya reparada, se actuará de la manera que proceda sobre esta, para evitar que vuelva a producir otra avería.

 Ejemplo

Es posible encontrarse con que el sistema de impulsión deje de funcionar porque la correa que une el motor con el ventilador se haya partido.

1. Si la correa rota presenta grietas y está muy rígida, puede que haya sobrepasado la vida útil que el fabricante indica, así que la causa está en el propio elemento.
2. La correa se ha roto, pero parece que no es debido al deterioro del uso y el tiempo.

En este segundo supuesto, se debe buscar la causa en los componentes contiguos: a un lado el motor y al otro el ventilador, con sus respectivas poleas, y seguir abriendo el abanico de causas observando las siguientes cuestiones:

I ¿Las poleas son las adecuadas y están en buen estado?
I ¿Las correas estaban colocadas con la tensión adecuada?
I ¿El motor funcionaba a las revoluciones correctas?
I ¿La resistencia al paso del aire de los conductos fuerza el sistema de impulsión?

Podría seguirse investigando hasta comprobar, por ejemplo, que las rejillas terminales están obstruidas por la suciedad y forzaban demasiado el sistema de impulsión, provocando la avería.

Se sustituiría la correa, arreglando la avería, y se limpiarían las rejillas, eliminando la causa de la avería.

Aplicación práctica

El motor que mueve el ventilador del sistema de impulsión está quemado, por lo que es sustituido. Debe buscar la causa de esta avería. ¿En qué orden buscaría entre las siguientes posibles causas?

I Las correas están demasiado tensas.
I El sistema electrónico de control está programado inadecuadamente y manda una orden inadecuada.
I El motor debía mover un ventilador o ventiladores demasiado grandes (mal dimensionado del sistema de impulsión).
I La suciedad dificulta el movimiento.
I Causa en el propio motor.
I Se crean sobrepresiones, porque las compuertas están cerradas al paso de aire.

SOLUCIÓN

En este caso, al desmontar la pieza a sustituir (motor), se puede comprobar el estado previo a la avería, suciedad y tensión de correas. Después, se examina el elemento averiado, se revisan las compuertas, se comprueba el programa de control y, finalmente, se estudia si el diseño del sistema es el adecuado.

Por lo tanto, el orden de comprobación de causa quedaría en este orden:

1. La suciedad dificulta el movimiento.
2. Las correas están demasiado tensas.
3. Causa en el propio motor.
4. Se crean sobrepresiones, porque las compuertas están cerradas al paso de aire.
5. El sistema electrónico de control está programado inadecuadamente y manda una orden inadecuada.
6. El motor debía mover un ventilador o ventiladores demasiado grandes (mal dimensionado del sistema de impulsión).

En este caso, el orden puede ser variable, pero como ejemplo para cualquier caso, se intentará mantener una lógica coherente, dependiendo de la infinidad de situaciones que se pueden presentar.

3. Aprovisionamiento y manejo de herramientas y útiles para la reparación de máquinas, elementos y equipos de las instalaciones de ventilación-extracción

Para la reparación de máquinas de ventilación-extracción, el técnico de mantenimiento correctivo ha de disponer prácticamente del mismo instrumental que el instalador de estos equipos.

Estará surtido de las herramientas genéricas que se emplean para multitud de trabajos.

Ejemplo

Juegos de destornilladores, juegos de llaves, llave inglesa, alicates, martillo, sierra, cúter, tenazas, taladro, etcétera.

Por otra parte, para trabajar con instalaciones de ventilación-extracción, necesitará útiles más concretos, sobre todo en relación a los conductos de ventilación y su anclaje, que, en función del material de que estén hechos, requerirán herramientas distintas.

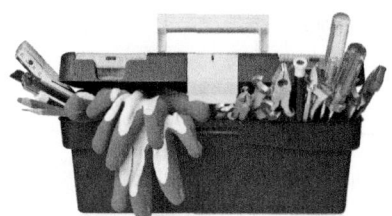

Las herramientas genéricas son de gran utilidad para el trabajo de mantenimiento correctivo.

A continuación, se nombrarán y explicarán algunas de las herramientas y utillaje propios de mantenedores de equipos de ventilación-extracción.

3.1. Elementos de fijación y unión de conductos

Los conductos de aire han de ser fijados o suspendidos del techo, ya que suelen estar situados por debajo de este, pero por encima del falso techo.

Tabla de elementos a utilizar para fijar las conducciones al techo	
Para tabiquería hueca	
Tacos de plástico expansivos	
Tacos metálicos expansivos	
Balancines	
Tacos químicos	
Mazo de goma	
Alambres o bridas pasadas por dos perforaciones	
Para hormigón	
Tacos metálicos	
Tacos de plástico	

Continúa en página siguiente >>

<< Viene de página anterior

Tabla de elementos a utilizar para fijar las conducciones al techo	
Puntas expansivas con rosca	-----
Perfiles empotrados en obra	
Perfiles soldados a la estructura	
Tornillos pasantes en paredes o forjados con pletina trasera	

Si pretende suspender los conductos, se hará uso de estos otros elementos:

Tabla de elementos a utilizar para suspender los conductos	
Varillas roscadas de métrica 8 o 10 (M8 o M10) cortadas a medida con tuercas y arandelas	
Flejes perforados: se sirven en rollos de varios tamaños	
Barras perforadas de apoyo: perfiles en forma de U, omega, etc	
Alambre y esquinas de plástico. Alambre de 1 mm galvanizado en rollos	
Abrazaderas colgadas	

Otro tipo de apoyos que se utilizan no mencionados en los anteriores párrafos son:

Otro tipo de apoyos	
Las escuadras y soportes atornillados en paredes	
Los anclajes en tramos verticales	

Los conductos de aire deben estar sustentados por anclajes resistentes porque, aunque su peso es pequeño, cuando circula aire a través de ellos, tienden a moverse y oscilar, pudiendo, con el tiempo, desprender los tacos y tirantes.

Otra causa que puede provocar el fallo de los soportes es emplear estos para colgar diversos elementos que pueden sobrecargar los anclajes.

Se evitará utilizar anclajes con alambre enganchados a otras instalaciones del techo, como tuberías de agua, tubos eléctricos, etcétera. Tampoco es conveniente usar astillas de madera cruzadas en perforaciones de bovedillas, ni alambres pasados por dos agujeros de ladrillos o bovedillas.

 Consejo

Se recomienda usar siempre tacos de expansión en tabiques de ladrillo y tacos para hormigón en paredes macizas.

3.2. Herramientas para conductos de chapa

Para conductos de chapa, se necesitarán unas herramientas adaptadas a este material que permitirán hacer pequeñas modificaciones y ensamblar estos conductos.

 Nota

En general, con los conductos de chapa se tendrá la precaución de ajustar al máximo las medidas para que, cuando el fabricante de estos conductos entregue el material solicitado, las modificaciones que haya que hacer en estas piezas sean las mínimas posibles.

Así pues, las herramientas que se utilizan para el mantenimiento correctivo e instalación de conductos de chapa son las siguientes:

Herramientas para el mantenimiento correctivo e instalación de conductos de chapa	
Tijeras de cortar chapa	
Máquina de cortar chapa (Amoladora)	
Alicates de presión para doblar	

Continúa en página siguiente >>

<< Viene de página anterior

Herramientas para el mantenimiento correctivo e instalación de conductos de chapa	
Máquina dobladora de chapa	
Remachadora	
Tronillos de rosca para chapa	
Soldadora por arco. Utilizar electrodos de 1 mm, soldando con puntos, sin hacer cordones	

Para conductos de fibra, que se montan en el mismo lugar donde van a ser instalados, los fabricantes de este tipo de materiales proveen al técnico de herramientas específicas para sus propios productos.

Independientemente del tipo de conducto empleado, se utilizan otras herramientas que facilitan el trabajo correctivo en instalaciones de ventilación-extracción.

Otras herramientas	
Taladro	
Brocas para taladro de distintas secciones y materiales	
Atornillador con distintas bocas de atornillado	
Transpaleta manual (facilitará el transporte y elevación de piezas voluptuosas o pesadas)	
Puntales telescópicos, para sostener piezas elevadas mientras son fijadas a la estructura	

3.3. Aprovisionamiento de herramientas y materiales para el mantenimiento correctivo

Es conveniente tener previstas las piezas que deben ser sustituidas periódicamente y mantener un *stock* de ellas, para que el técnico minimice el tiempo de respuesta ante la sustitución o la reparación de estos componentes.

 Importante

De todas formas, un técnico encargado en de las labores correctivas de una instalación de ventilación-extracción debe estar respaldado por uno o varios proveedores que le suministren los elementos necesarios a la mayor brevedad posible, ya que es difícil, tanto logísticamente como económicamente, que el técnico disponga de la infinidad de componentes y marcas que podría darse el caso de necesitar para realizar una reparación.

Dónde aprovisionarse

Para realizar las labores de mantenimiento correctivo, el técnico estará surtido de piezas y materiales que, normalmente, obtendrá del propio fabricante de la marca con la cual trabaja o de un distribuidor local que podrá suministrar distintas marcas y opciones para los equipos de ventilación-extracción.

En estos lugares, normalmente se suministran al técnico las piezas finales listas para ser colocadas en el lugar donde realizarán su función, como por ejemplo correas, motores, piezas de chapa, etcétera.

 **Nota**

Existe la posibilidad de que el producto adquirido no sea el producto final, sino la materia prima para elaborar las piezas a instalar. Este es el caso de las planchas para conductos de fibra mineral.

También es en estos lugares donde el técnico se podrá aprovisionar del utillaje y herramientas propias para realizar las reparaciones de los sistemas de ventilación-extracción.

El *stock* de piezas

Es adecuado mantener un *stock* de piezas y elementos que se van gastando en las distintas actuaciones de reparación, como por ejemplo tornillería de distintos tipos, tacos, abrazaderas, rodamientos, correas, planchas de fibra para conductos, etcétera, elementos fungibles y sustituibles cada cierto periodo de tiempo. Se trata, en general, de elementos inespecíficos, es decir, que pueden servir en distintas instalaciones o para actuar en distintas averías.

Por el contrario, para componentes más específicos, es más difícil y costoso mantener un *stock*. Estos componentes se pueden disponer en pequeñas cantidades, pero nunca se contará con todas las posibles opciones específicas (marcas, modelos, medidas, etcétera) que se puedan presentar, por lo que estas piezas se pedirán al fabricante o distribuidor anteriormente mencionado.

 Ejemplo

Un determinado motor, con una marca, potencia y medidas concretas. Su coste es elevado y no garantiza que se utilice esta inversión.

Mantener un *stock* constante, para un técnico, supone ventajas e inconvenientes que se describen a continuación.

Ventajas

- Minimiza el tiempo de respuesta para realizar una reparación.
- Al comprar cantidad, puede que el precio obtenido sea ventajoso.
- Disponer de *stock* evita desplazamientos a los lugares de aprovisionamiento o gastos logísticos en el envío de materiales.

Inconvenientes

- Se requiere de un espacio, estanterías y elementos de trasporte, para acumular las piezas, sobre todo si son de elevado volumen.
- El conste de determinadas piezas es elevado y no asegura que sean útiles en un futuro.
- Se requiere un control logístico y administrativo de todo el material.

Almacén de material

El lugar donde se almacena el material debe estar cubierto y aislado de las condiciones meteorológicas para así evitar que los materiales y las herramientas se deterioren.

Es conveniente que disponga de estanterías resistentes, para mejorar el orden y facilitar el acceso a cualquier elemento que se precise sin pérdidas de tiempo.

 Nota

Como marca el Real Decreto 486/1997, de 14 de abril, por el que se establecen las disposiciones mínimas de seguridad y salud en los lugares de trabajo. El almacén debe reunir unas características de limpieza y orden, ventilación, iluminación, etc.

Se dispondrá de escaleras de acceso para las partes superiores de las estanterías y de medios mecánicos que faciliten al trabajador el trasporte y colocación de los materiales.

 Aplicación práctica

Si tuviera una pequeña empresa con un pequeño almacén de material, ¿qué ventajas e inconvenientes supone tener 4 ventiladores centrífugos de determinada medida y marca?

SOLUCIÓN

Cada caso concreto es diferente. Depende en gran medida del volumen de ventas o actividad de esta empresa.

Por otra parte, se intentará tener el material de uso más frecuente, por lo que lo ideal es que el ventilador centrífugo que se almacena sea un modelo genérico que pueda emplearse para poder acoplarlo en distintas instalaciones de ventilación.

Ventajas:

I Ante la necesidad de un ventilador centrífugo, minimiza el tiempo de respuesta para realizar una reparación.
I Al comprar 4 ventiladores, puede que el precio obtenido sea ventajoso.
I Disponer de stock evita desplazamientos a los lugares de aprovisionamiento.

Inconvenientes:

I Se requiere un espacio y, si el almacén no es demasiado grande, limitaría el espacio para otros elementos o herramientas.
I El coste de los ventiladores puede ser elevado y no asegura que sean útiles en un futuro, sobre todo si son de medidas especiales, poco adaptables a instalaciones.
I Se requiere un control logístico y administrativo de estos materiales.

4. Mantenimiento correctivo del sistema de captación, impulsión, filtrado y distribución

Es posible encontrarse ante casos en los que no existen anomalías aparentes en la instalación de ventilación y que, tras buscar en los distintos puntos de control, la instalación parece estar perfectamente, pero sin embargo, no funciona correctamente. Un mal diseño y/o una mala ejecución de la instalación darán lugar a problemas que alterarán las magnitudes físicas del aire interior y otros aspectos adicionales ligados al confort. No es una avería propiamente dicha, pero igualmente el técnico debe corregir la instalación para que funcione correctamente.

La suciedad en los sistemas de ventilación es un problema que puede derivar en enfermedades respiratorias de los usuarios, además de provocar un mal funcionamiento y averías en distintos puntos del sistema: la suciedad en conductos y filtros aumenta la resistencia al paso del aire y produce averías. Las incrustaciones de suciedad en las aspas de ventiladores disminuyen su rendimiento e incluso provocan problemas de corrosión de algunos componentes. También puede dificultar el movimiento de partes móviles como rejillas o ventiladores, forzando y deteriorando estos mecanismos, para finalmente causar avería. Detectar los problemas que dan lugar a la reducción de la calidad del aire suministrado requiere una inspección de todos los elementos del sistema.

Ejemplo

Hay que prestar especial atención a la existencia de moho que ataca a los materiales del sistema. No obstante, para que el moho se desarrolle tienen que darse unas determinadas condiciones de humedad y suciedad.

Por estos motivos, el técnico de mantenimiento llevará a cabo una inspección, apertura, limpieza, cierre y puesta en servicio de los conductos para la distribución de aire.

Para detectar las posibles acumulaciones de partículas no deseadas en los conductos, se requiere un sistema de inspección visual del interior mediante endoscopia luminosa u otros sistemas de similar efectividad.

 **Definición**

Endoscopia luminosa

Forma de mirar dentro de conductos usando una sonda flexible que tiene una pequeña cámara y una fuente de luz en su extremo. De esta manera, se puede inspeccionar el interior de conductos, sin necesidad de acceder físicamente a estos.

Según el RITE, "las redes de conductos deben estar equipadas con aperturas de servicio de acuerdo a lo indicado en la norma UNE-EN 12097 para permitir las operaciones de limpieza y desinfección".

Para facilitar el acceso al interior de los conductos, la red de distribución de aire tiene que contar con compuertas de apertura, con una distancia mínima entre estas de 10 m de longitud.

El acceso a los conductos para las operaciones de inspección se realiza a través de las aperturas que existen, que pueden ser puertas de acceso, rejillas y registros.

La inspección visual de los conductos se realiza a través de sus aperturas.

 **Nota**

Normalmente, el circuito de la batería se limpia sin desmontarla, utilizando una potente máquina limpiadora de vacío en el lado contaminado por polvo. Si está demasiado sucia, habrá que desinstalar la batería para lavarla.

4.1. Aperturas de conductos para inspección, limpieza y registros

Las aperturas de conductos son tapas que pueden ser abiertas, en las que un operario puede introducir la cabeza para una inspección visual y que permiten realizar las operaciones de limpieza. El fallo que pueden presentar las aperturas es que se queden atoradas por el paso del tiempo.

Otros tipos de apertura pueden estar dotados de persianas de sobrepresión. Las compuertas de sobrepresión, al estar situadas al exterior, se ven afectadas por agentes ambientales y por suciedad, por lo que pueden quedar obstruidas.

En las compuertas de regulación de caudales, si se detecta tendencia a atascarse, puede ser porque la unidad está mal nivelada. Otro motivo puede ser la falta de lubricante de los cojinetes de la rueda dentada.

Las campanas de extracción pueden presentar fallos eléctricos, ya que poseen un motor que mueve un ventilador, pero la principal avería es la obstrucción y acumulaciones de grasa en todos sus componentes, debidas al ambiente en que trabajan.

Las aperturas también pueden producir ruidos. Se producen cuando se cierran demasiado algunas bocas de salida, ya que se desequilibran los caudales, dando lugar en el interior de los conductos cercanos a la salida a ondas de presión que generan vibraciones y rumorosidad.

Nota

Se trata de una deficiencia que, aunque no afecta al funcionamiento de la instalación, sí que afecta al confort del usuario.

4.2. Mantenimiento de conductos

El procedimiento para determinar si hay averías en los conductos de ventilación se puede dividir en: inspección del sistema de aire acondicionado y evaluación para determinar si es necesaria la limpieza de los conductos.

Inspeccionar la instalación

Antes de proceder a la limpieza de los conductos, es necesario saber si el problema de una instalación es realmente la contaminación, ya que esta puede ser altamente costosa e ineficaz para resolver problemas de calidad de aire interior si la fuente de contaminación se encuentra en otro lugar y no es atacada en su origen.

Por este motivo, se investigan todas las causas posibles del problema, ya que pequeñas averías en componentes sensibles a la suciedad pueden indicar dónde se encuentra el problema. Se realizará un chequeo total de ambiente interior y de la partes de la instalación para que este análisis ayude a encontrar el problema.

Ejemplo

La humedad causa en los conductos metálicos la aparición de corrosiones y oxidaciones. Si los conductos son de fibras minerales, la humedad afecta al aglomerante de las fibras, aumentando el peso del conducto que se desmorona y agrieta.

Continúa en página siguiente >>

<< Viene de página anterior

Los ruidos en los conductos indican la existencia de piezas que están sueltas, mal ancladas o con holgura, en uniones, soportes, rejillas, etcétera, que, al contactar con el aire en movimiento que fluye por el circuito, empiezan a oscilar o traquetear produciendo los molestos ruidos.

Evaluación para determinar la necesidad de limpieza

El técnico de mantenimiento se ha de plantear unas cuestiones para que, dándoles respuesta, pueda conocer si la limpieza es una solución viable al funcionamiento no satisfactorio de la instalación.

- ¿Qué síntomas se encuentran? Hay que averiguar si las reacciones de los ocupantes vienen provocadas por la temperatura, el polvo, el aire viciado, los olores, etcétera.
- ¿Cuándo y dónde se produce el problema? Es importante saber si se da a nivel global de la instalación o en puntos localizados para detectar el origen de la contaminación que deteriora el sistema.
- ¿Cuál es el estado de mantenimiento del edificio? Se puede sacar valiosa información de la ficha de mantenimiento de la instalación (si la tiene), por ejemplo cuándo se cambiaron los filtros por última vez.
- ¿Qué tipo de distribución de aire se emplea? El recorrido que sigue el aire por los conductos y el tipo de conexiones que tiene la instalación (en serie o en paralelo) ayudará a delimitar de dónde proviene la avería o fallo por contaminación.
- ¿La distribución es eficaz, con un adecuado retorno? El diseño de la distribución puede estar en el origen del problema.
- ¿Funcionan correctamente las unidades de tratamiento de aire? Se inspeccionarán los equipos para determinar si las baterías de calor y frío, los filtros y los sistemas de humectación funcionan como deben y tienen un adecuado mantenimiento.
- ¿Qué pasa con el aire exterior? Hay que ver qué características tiene el aire exterior que se está introduciendo en el local, ya que puede estar aquí el origen de la suciedad que provoca la avería.

- ¿Están bien situadas las tomas de aire exterior? Si la situación de las tomas no es adecuada, se puede incluso estar metiendo dentro el mismo aire que anteriormente se expulsó.
- ¿Es adecuada la filtración del aire introducido? Es posible encontrarse con distintos tipos de filtros, que se utilizan en función al agente contaminante que se pretende retener en ellos.

Respecto al aire interior

- ¿Existen fuentes de contaminación interna anómalas? Evidentemente, las fuentes de contaminación internas, si no se dispone de un sistema de extracción adecuado que retire la contaminación, van a contaminar el local.
- ¿El inmueble se usa para lo que fue diseñado inicialmente? Es importante comprobar que los materiales y objetos que se encuentran en el inmueble no constituyen una fuente de contaminación excesiva, porque en caso de que esto ocurra, debe estar previsto el tratamiento de dicha contaminación, que puede afectar al sistema y provocar fallos en el funcionamiento.

 Ejemplo

Determinados locales en centros de ciudad, que antaño fueron viviendas, se han habilitado para oficinas (cumpliendo la normativa para lugares de trabajo, por supuesto), pero hay que tener en cuenta la contaminación que pueden producir ciertos aparatos, como fotocopiadoras, impresoras, ordenadores, etcétera, que emiten calor al ambiente.

Al igual que cambia el uso de este local, se debe cambiar el sistema de ventilación extracción, para adaptarlo a las nuevas necesidades que se planteen.

Concretamente, las operaciones de inspección a realizar antes del mantenimiento correctivo son:

- Comprobar si el aire está siendo correctamente distribuido por todos los espacios ocupados del edificio.

- Inspeccionar el equipo de filtración de aire.
- Verificar los equipos centrales de refrigeración y calor.
- Comprobar el sistema de humidificación del aire.

La inspección permitirá encontrar la deficiencia para actuar en el origen de esta y solucionarla con la mayor eficacia.

Donde se detecte moho o cualquier materia extraña que prolifere en el interior de los circuitos, se recogerá una muestra para su posterior análisis. El resultado permitirá identificar ante qué tipo de contaminación nos enfrentamos, lo cual será de gran utilidad para elegir el método de limpieza más adecuado.

 Importante

Las aperturas de inspección tienen que ser cerradas antes de comenzar la limpieza del conducto.

Obtenido el resultado de la inspección, se contrastará con los planos de la instalación de climatización para planificar en qué partes del conducto y con qué intensidad se debe efectuar la limpieza.

 Ejemplo

En un edificio se detectan deficiencias en el sistema de ventilación. Los usuarios se quejan principalmente de que perciben el aire con un olor desagradable, pero solamente en determinadas zonas del edificio. ¿A que podría ser debido este defecto?

Con solo estos datos, las causas pueden ser múltiples, aunque se puede empezar descartando los elementos de la instalación que sean comunes a todo el edificio, ya que la deficiencia que solo se da en determinadas zonas.

Continúa en página siguiente >>

<< Viene de página anterior

El plano del circuito de conductos y sus elementos serán de gran utilidad para encontrar la causa, descartando los conductos de zonas no afectadas y delimitando los conductos que van a parar a las zonas afectadas. Siguiendo el recorrido inverso que recorre el aire con olores desagradables, se encontrará el foco contaminante o el fallo en el diseño del sistema, como puede ser, en este caso, que la boca de impulsión de aire esté próxima a un foco de mal olor.

4.3. Mantenimiento correctivo de ventiladores

El mismo almacenamiento a largo plazo, sin uso, puede provocar daños en el conjunto motor-ventilador; así, los cojinetes se pueden endurecer, por ejemplo.

Boca de un ventilador centrífugo

 Nota

Los cojinetes del ventilador están engrasados permanentemente, pero las unidades más grandes con cojinetes estándares requieren una lubricación anual (mantenimiento preventivo).

En caso de condiciones de funcionamiento extremas, la lubricación se hará siguiendo las instrucciones recomendadas por el fabricante.

Otras averías que se pueden producir en los ventiladores son la corrosión que pueden presentar las hélices o deterioros en las uniones de las palas a las flechas.

4.4. Mantenimiento correctivo de motores

El procedimiento es similar al de los ventiladores, al ser ambos partes móviles del sistema, que además van a funcionar conjuntamente.

Las principales causas de avería en el motor son la suciedad, la humedad y la falta de lubricación. Primero, se comprobará el estado de limpieza del motor y se limpiará si es necesario. Además:

- Se comprueba el nivel de ruido de cojinetes y rodamientos, por si se escuchan sonidos irregulares.
- Se comprueba con un polímetro que la potencia absorbida se sitúa dentro de los rangos de funcionamiento.

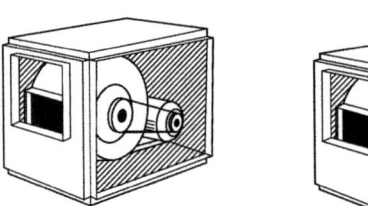

El motor puede encontrarse en la misma caja del ventilador (izquierda) o externamente (derecha).

 Nota

Los cojinetes de motor con tamaño de 63 a 200 mm de diámetro normalmente funcionarán durante varios años sin necesidad de mantenimiento.

Continúa en página siguiente >>

<< Viene de página anterior

Los cojinetes de tamaño superior a 225 mm de diámetro están ajustados con boquillas de grasa que requieren un mantenimiento preventivo periódico. Para saber qué cantidad de grasa lubricante necesitan, el tipo y los intervalos de lubricación, hay que consultar las instrucciones del fabricante.

4.5. Mantenimiento correctivo en correas de transmisión

Las correas de transmisión son unos componentes fiables y además requieren poco mantenimiento, pero unas condiciones de trabajo desfavorables pueden reducir su vida útil, traduciéndose en una pérdida de eficacia e incluso en averías por rotura. En cuanto a la tensión, el deslizamiento excesivo de las correas en las poleas puede causar desgaste y vibración.

Las averías en este elemento son causadas por la suciedad, rebabas u obstrucciones que dan lugar a un prematuro reemplazo de la correa o de la transmisión.

Se comprueba la suciedad de las correas de transmisión y de depósitos, daños, desgaste, tensión y uniformidad.

Posibles deficiencas en la colocación de las correas sobre sus respectivas poleas

Correa no colocada en el borde	Correa atascada en el borde	Correas no uniformes	Tensión excesiva	Demasiado floja

Continúa en página siguiente >>

<< Viene de página anterior

Posibles deficiencas en la colocación de las correas sobre sus respectivas poleas				
Resbala	Polea demasiado pequeña	Sobrecarga	Polea dañada	Distorsión excéntrica de la polea
Polea desgastada	Bordes en V no uniformes	Polvo, suciedad	Humedad	

Nota

Los fragmentos de correa son indicio de que esta está deteriorada y, además de sustituirla, se debe encontrar el motivo de esta avería, para que no vuelva a suceder.

4.6. Mantenimiento correctivo de los distintos tipos de filtros

Las principales deficiencias que dan lugar al fallo en los filtros, pudiendo reducir su eficiencia, son dos: estar mal colocados o estar saturados por los contaminantes que retienen.

Importante

El fallo en este componente, fácil de sustituir y relativamente barato, puede provocar averías de mayor índole en distintos puntos del equipo de ventilación.

En los filtros planos, de bolsa y filtros absolutos (HEPA), se comprobará el grado de obstrucción con un manómetro. Para decidir si el filtro debe ser limpiado o sustituido, se comparará el valor obtenido con lo indicado en la ficha técnica.

 Nota

Para la limpieza por contacto se utilizan equipos HEPA, que constan de filtros de alta eficiencia, porque, cuando la máquina de aspiración se ha de situar en el interior del local, con este filtro se evita que libere la contaminación más fina que se encuentra en los conductos al local donde se encuentra dicha máquina.

En cuanto a los filtros autorrotativos, estos trabajan automáticamente y pueden vigilarse mediante un instrumento de registro.

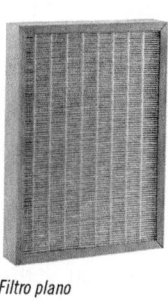

Filtro plano

Manta para filtro autorrotativo

Los filtros HEPA son de alta eficiencia ya que retienen pequeñas partículas por intersección, impacto o difusión.

Filtro de bolsa

5. Técnicas de montaje y desmontaje de máquinas y elementos de instalaciones de climatización y ventilación-extracción

En general, el mantenimiento correctivo a aplicar en muchas ocasiones requerirá desmontar las partes del sistema defectuosas para instalar el elemento sustituto (que puede ser el mismo elemento reparado o un elemento similar nuevo).

5.1. Montaje y desmontaje de ventiladores

Para extraer el cuerpo del ventilador (los álabes o hélices del eje) se retira la carcasa que protege el ventilador y motor, desatornillando sus cierres. De esta manera, se podrá acceder a la parte móvil que está anclada a un eje, radial o longitudinal. Si es necesario, se desvinculan las poleas de ventilador. El anclaje puede realizarse de distintas maneras, pero extrayendo las sujeciones, tuercas o tornillos, se podrán retirar el cuerpo y las hélices del ventilador que, a su vez, si no están soldadas, pueden ser desensambladas.

Para volver a armar un ventilador, se siguen los pasos inversos a los descritos, cuidando de que las aspas del ventilador queden equilibradas para que no produzcan vibraciones o desequilibrios, lo que provocaría averías con el paso del tiempo.

5.2. Montaje y desmontaje de Motores

El motor suele estar en un apartado, cercano al ventilador, protegido por unas compuertas, que se deben abrir para acceder a su localización. Las compuertas pueden estar atornilladas o encajadas con unas pestañas a presión. Para abrir las compuertas, se retiran los tornillos con un destornillador o se hace palanca, según proceda.

Si hay que extraer el motor de su ubicación para mandarlo reparar o para arreglarlo, lo primero que se debe hacer es aflojar las correas. Para desarmar el motor, se pueden emplear destornilladores y llaves. Retirando los tonillos de sujeción, es posible acceder a las poleas de motor (y ventilador), de manera que la polea del motor quede libre.

Una vez desconectados los cables de corriente eléctrica y sustraídos los tornillos de anclaje del motor al soporte, el motor queda libre y puede sacarse de su localización.

 Consejo

Si el motor es grande, su peso es considerable, por lo que habrá que ayudarse de medios mecánicos para moverlo.

5.3. Montaje y desmontaje de extractores

Cuando la grasa provoca una avería o incluso un cortocircuito, hay que desmontar el extractor.

Primero se desconecta de la red eléctrica y, seguidamente, se retiran los filtros. De esta manera, quedan el ventilador y el motor, que suelen estar unidos.

 Nota

Es posible encontrar muchos tipos de extractores, pero con un simple destornillador se pueden desmontar fácilmente.

Finalmente, se arma el extractor recorriendo los pasos inversos a su desmontaje y se vuelve a colocar en su sitio, protegido por los filtros ya limpios.

6. Operaciones de reparación o sustitución de elementos: ventiladores, campanas, filtros, compuertas, rejillas, difusores, conductos, etcétera

Para que una instalación funcione bien, sus conductos y componentes se mantienen en óptimas condiciones, siguiendo unas pautas que garanticen que el aire movido es tratado de la manera más conveniente. Ante la deficiencia de algún elemento, habría que proceder a cambiar el elemento o a repararlo para que la instalación funcionara como se desea.

Los componentes de una instalación de ventilación-extracción son muchos y con infinidad de variables, por lo que en este apartado se describirán los métodos de reparación para los componentes que con más frecuencia se encuentran.

Accesorios para conductos de ventilación

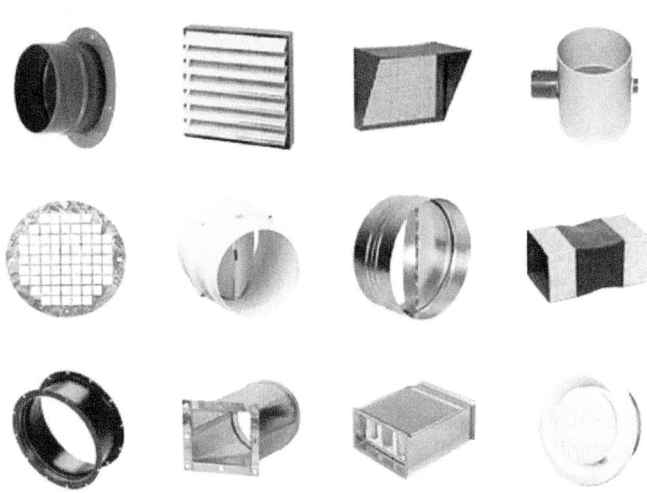

6.1. Reparación de aperturas de conductos para inspección, limpieza y registros

Cuando las compuestas de las aperturas de los conductos están atoradas, pueden desencajarse haciendo palanca con un destornillador. Luego, hay que limar ligeramente las superficies de contacto para que la apertura pueda abrir y cerrar con facilidad, pero quedando estanca.

Consejo

Si la apertura ha perdido la estanqueidad por estar deformada por algún golpe, se puede intentar corregir la deformación golpeando suavemente con un mazo de goma hasta obtener la posición inicial y estanca.

Cuando las persianas de sobrepresión están obstruidas, pueden arreglarse soplando aire a presión hacia fuera, forzando la salida de la suciedad.

Las compuertas de recirculación de aire y de cierre pueden limpiarse con vapor o aire a presión. Si se encuentran atoradas y si es necesario hacer palanca, se moverán las compuertas para asegurar que el movimiento es libre y funcionan correctamente. Para solucionar la tendencia a atascarse, pueden lubricarse con spray de silicona, nunca con aceites orgánicos. Finalmente, se apretarán los tornillos para que la unión quede bien sujeta.

Compuertas de regulación de flujo con sistema de guillotina

Para reparar las obstrucciones en las campanas de extracción, hay que eliminar la grasa acumulada en sus piezas y reapretar o si es necesario sustituir el cableado.

Para eliminar los ruidos que se producen porque las bocas de salida están demasiado cerradas, la opción más simple es abrir un poco la boca de salida afectada. Pero, si esto no es posible o perjudica el funcionamiento deseable de la instalación, lo que puede hacerse es reducir los caudales de impulsión ajustando las poleas de los ventiladores o incluso realizando un baipás en la máquina.

 Aplicación práctica

Un extractor de cocina no elimina correctamente los vapores de cocción producidos. Se sabe que está correctamente dimensionado y el problema viene de la suciedad.

¿En qué partes del circuito se puede actuar para que la suciedad no dificulte la extracción?

SOLUCIÓN

Lo primero sería comprobar que los filtros están limpios y no se encuentran atascados por la grasa de la cocina. Si así fuese, se retirarían los filtros y se lavarían con algún producto desengrasante. Estos filtros son resistentes al lavavajillas. Sometiéndolos a un lavado en este aparato, la grasa se desprende en su totalidad.

Si la suciedad proviene del exterior, por la apertura de extracción, lo ideal es poner una persiana de sobrepresión, que permita salir el aire contaminado del interior, pero impida la entrada de suciedad cuando el extractor esté parado.

6.2. Reparación y Mantenimiento de conductos de aire

Con el paso del tiempo, aunque el diseño y dimensionado de los elementos de la instalación se efectuara de manera correcta, los sistemas de ventilación acaban presentando problemas, que el técnico de mantenimiento ha de solucionar.

Si en los conductos metálicos ha aparecido corrosión superficial, se puede eliminar lijando la parte afectada y aplicando pintura especial para chapa galvanizada. Pero si la corrosión ha dado lugar a perforaciones y desgarros del conducto, con la consiguiente pérdida de aire, debe sustituirse el tramo de tubería o la pieza afectada por otra nueva.

Nota

En los conductos de fibras minerales, cuando la humedad ya ha afectado notoriamente al conducto, la manera de solucionarlo es cambiar el conducto afectado.

Para terminar con los ruidos producidos por piezas sueltas, mal ancladas, etcétera, la solución consiste en reapretar los tornillos o ajustar o remachar las piezas sueltas para evitar que se muevan al paso del aire.

Métodos de limpieza de conductos

Si, tras descartar otras causas, se comprueba que el problema de los conductos es la suciedad, habrá que proceder a su limpieza.

Nota

Esta se acumula en forma de polvo fino de color negro, pelusas, telarañas, etcétera.

Existen distintos métodos de limpieza. Los conductos que presentan mayores dificultades para su limpieza son los que van provistos de aislamiento interior. Por este motivo, se pasa a describir los métodos más empleados para limpieza de este tipo de conductos, que van a ser:

- Aspiración por contacto.
- Limpieza por aire a presión.
- Limpieza por aire a presión con cepillo.

Aspiración por contacto

El método de aspiración por contacto de la superficie interior es un método satisfactorio si se realiza con cuidado y el riesgo de dañar la superficie interior es muy bajo. Pero debe tenerse en cuenta que los equipos de aspiración convencionales pueden liberar a la atmósfera partículas de polvo extremadamente finas, en lugar de recogerlas, por este motivo se utilizarán equipos especiales llamados HEPA (recuperadores de partículas de alta eficiencia) si la descarga del aire se realiza en el interior de los espacios ocupados.

La aspiración por contacto va a requerir, generalmente, aperturas de mayor tamaño que los otros métodos para permitir el alcance hasta el último rincón de los equipos de limpieza.

 Nota

La separación entre aperturas de acceso depende del tipo de equipo de aspiración empleado y de la distancia que hay que alcanzar desde cada apertura.

Para realizar la limpieza, primeramente se introduce la cabeza de la aspiradora por la apertura más cercana al inicio de la red de conductos (UTA) y, a continuación, se activa la máquina. La aspiración se efectúa siguiendo el curso de la corriente de aire, con la suficiente lentitud para permitir que la aspiradora recoja toda la suciedad.

Método de aspiración por contacto con aspiradora

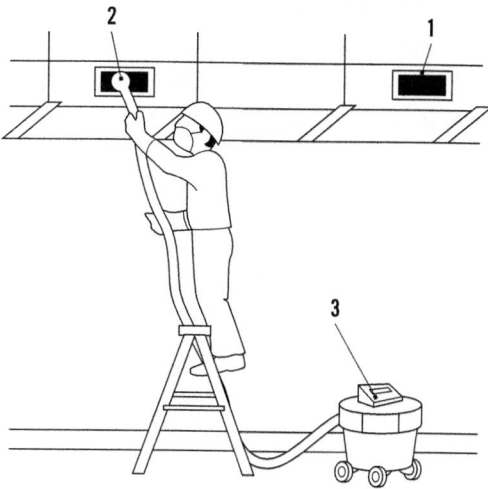

1. Abertura de acceso
2. Boquilla de la aspiradora
3. Aspiradora mecánica provista de filtro HEPA

Limpieza por aire a presión

La limpieza por aire a presión se realiza conectando un dispositivo colector de polvo por aspiración en una apertura del conducto que se encuentre en un punto extremo en la parte de menor cota.

 Consejo

Para asegurar que el material desprendido es trasportado, es recomendable que la zona limpiada tenga una presión estática mínima de 25 mm (de columna de agua).

Con una manguera provista en un extremo de una boquilla saltadora, se introduce aire comprimido en el interior del conducto. Dicha boquilla tiene un diseño especial para que el propio aire comprimido la impulse a lo largo del conducto. De esta manera, los residuos arrancados que se encuentran flotando en el aire son arrastrados corriente abajo del conducto y son extraídos por el mismo equipo de aspiración.

La fuente de aire comprimido ha de estar entre unos rangos de presión de 11 y 13,5 kg/m^2 y debe tener un recipiente colector de 70 l, para que el método de lavado por aire sea efectivo.

Método de limpieza por aire a presión

Fujo de aire

2
1
3
4

1. Abertura de acceso   3. Aspirador de polvo con filtro HEPA
2. Boquilla "saltadora"   4. Compresor de aire

Limpieza por aire a presión con cepillo

El método de limpieza por aire a presión con cepillo, igual que el método de limpieza de aire a presión, necesita conectar un dispositivo de aspiración de polvo, en el punto más extremo aguas abajo del conducto a través de una abertura, para retirar la suciedad y las partículas de polvo desprendidas, que estarán en suspensión en el aire.

Esta vez, para desprender el polvo y las partículas se usan unos cepillos rotativos que se mueven con energía eléctrica o neumática. Las partículas de suciedad son arrastradas en dirección a la corriente del aire por el interior de los conductos, siendo evacuadas por el aspirador de polvo.

El cepillo mecánico requerirá generalmente de aperturas de mayor tamaño, pero el número de aperturas necesarias va a ser menor.

Método de limpieza a presión con cepillo

1. Abertura de acceso
2. Cepillo giratorio neumático
3. Aspirador de polvo con filtro HEPA
4. Compresor de aire

*Cepillo mecánico para limpieza interior
de conductos de ventilación-extracción*

Sabía que...

Pueden encontrarse cepillos mecánicos que llegan a alcanzar hasta 7 m de conducto en ambas direcciones de la apertura.

Aplicación práctica

¿Qué método de limpieza para los conductos de ventilación será el más conveniente si las aperturas de que dispone el circuito son bastante pequeñas?

SOLUCIÓN

En principio, se descartarán los métodos de aspiración, ya que se requiere de aperturas grandes para llegar a todos los puntos del circuito, si se desea hacer una correcta limpieza.

También se descartaría el método de limpieza con aire a presión con cepillo por el mismo motivo, ya que normalmente necesitan de aperturas grandes para poder introducir el robot de limpieza, aunque llegue a grandes distancias.

Por tanto, el método que mejor se adapta a las condiciones descritas es el de limpieza por aire a presión. Se puede introducir la manguera saltadora por aperturas pequeñas y realizar una buena limpieza.

 **Nota**

Terminada la limpieza de los conductos, se procede a desinfectar mediante un aerosol bactericida, que se introducirá con el equipo en marcha, para que se expanda por todo el circuito.

En la fase de desinfección, no habrá personas en los recintos a climatizar.

6.3. Reparación de ventiladores

La acumulación de suciedad o corrosión en la hélice y la flecha del ventilador producen tensiones y fatigas en el material que, aparte de disminuir la eficiencia en su función, producen la avería en esta parte o partes con fisuras del sistema de ventilación, como son correas y motores.

Se limpiará la suciedad con el producto de limpieza adecuado, se eliminará la corrosión lijándola y, si es preciso, se aplicará un recubrimiento que proteja las partes vulnerables.

 **Consejo**

Para evitar que los cojinetes de los ventiladores se endurezcan por permanecer almacenados durante mucho tiempo sin uso, es conveniente girar el rodete del ventilador de vez en cuando.

Si la unión de las palas a la flecha está deteriorada, puede dársele un punto de soldadura que asegure la fortaleza de la unión.

 **Importante**

La aplicación de cualquier recubrimiento o soldadura puede crear un desbalance, que originará vibraciones y será un nuevo agente desencadenante de una nueva avería. Debe comprobarse el balance del ventilador en estos casos y dejarlo equilibrado después de cada acción correctiva.

6.4. Reparación de motores

Para corregir la avería por suciedad, se limpian el motor y las bobinas, evitando que la suciedad actúe de aislante térmico, haciendo que el calor, que normalmente disiparía el motor, se acumule, aumentando la temperatura, y provoque el fallo del motor. Se retiran el polvo y la suciedad, soplando con aire a presión y manteniendo el área que rodea al motor abierta, de modo que el aire pueda circular a través del ventilador y del motor.

Los motores se mantendrán secos para evitar cortocircuitos eléctricos. En caso de fallo por cortocircuito eléctrico, se eliminará la humedad arrastrándola con el aire caliente de un secador.

La falta de lubricación produce sobrecalentamientos que acortan la vida u originan la avería del motor. Al detectar una subida de temperatura del motor por el rozamiento, se parará la máquina y se procederá a lubricar, siguiendo las instrucciones de fabricante. No se debe lubricar en exceso.

Cuando se escuchen sonidos irregulares en los cojinetes o rodamientos de bolas, se procederá a la sustitución de estos. Para sustituir el rodamiento, se desatornilla la carcasa y abre el cuerpo donde se encuentra el propio rodamiento que será sustituido por otro nuevo.

Se sustituyen los cepillos si es necesario y se limpia el conmutador.

6.5. Reparación de transmisiones

Las poleas gastadas se sustituirán por otras nuevas. Para poder sustituirlas, se aflojará primeramente la correa y se desatornillará el eje de la polea.

Los ejes de motor y ventilador se limpian y se elimina cualquier marca, golpe u óxido de los puntos en los que se monten las poleas. Para eliminar las rebabas, se usará una lija fina o una piedra de esmerilar fina, con la precaución de que no quede polvo entre los rodamientos. A continuación, se lubrican, para evitar rozamientos, pero eliminando el exceso de lubricante para que no patinen. Se colocan y se aprietan en su lugar.

 Importante

Cada polea debe colocarse en su correspondiente posición, sin que roce con otras partes del equipo. Para montarlas, no deben golpearse.

También las correas rajadas o que presenten bordes deshilachados se sustituirán por otras nuevas.

 Nota

Debe sustituirse el juego completo, ya que el uso hace que las correas montadas tengan una longitud diferente a la que tenían cuando estaban nuevas y por eso las correas nuevas y las usadas no trabajarán bien juntas.

Para colocar las correas sobre las poleas, hay que mover tornillos de tuerca y contratuerca de la base, de tal manera que en este montaje las correas puedan ser colocadas en las poleas sin forzarlas. La tensión correcta de la correa se establece independientemente de la sección transversal de la correa y de la distancia de los ejes. Para darles la tensión adecuada, se empleará un tensómetro y se seguirán las recomendaciones dadas por el fabricante en la ficha técnica. Tras unos días de trabajo, se reajustará la tensión. Tampoco las correas deben forzarse para ser colocadas en las poleas, por eso, no se torcerán ni se forzará su introducción en las ranuras con alguna herramienta.

Los ejes de motor y ventilador deben quedar paralelos, ya que, si no, las correas se desgastarán excesivamente. Las correas deben de quedar perpendiculares a los ejes.

Actuación correctiva para dispositivo de tensión

Se conseguirá la tensión adecuada de la correa de transmisión moviendo el soporte del motor que, dependiendo del tamaño de este, se moverá por la acción de la rotación o por una acción de deslizamiento.

Se graduará aflojando la contratuerca y girando el tornillo de ajuste. En todo momento, se debe mantener la alineación precisa de las poleas. La alineación se comprobará con una regla cada vez que se realice un ajuste.

Si hay poleas con distintas anchuras, el hueco debe ser el mismo en ambos lados.

Así quedarían las correas en sistemas que utilizan poleas paralelas

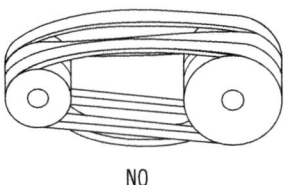

NO

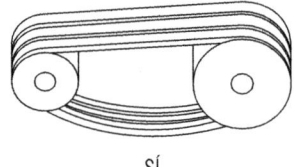

SÍ

 **Importante**

Es posible que se produzcan daños en el motor y en los cojinetes del ventilador si la correa está demasiado apretada.

Por el contrario, si está demasiado floja, se desgastará prematuramente y su eficacia se verá reducida debido a que resbalará.

Tras acabar el ajuste, apretaremos la contratuerca que fue aflojada y nos aseguraremos que todos los tornillos de retención del motor y ventilador están bien apretados.

6.6. Operaciones de reparación o sustitución de filtros

Para limpiar los filtros planos, habrá que retirarlos, agitarlos y soplarles con una presión que no supere los 5 bares.

Los medios filtrantes pueden ser lavados en agua caliente (máximo 35 °C) con agentes de lavado convencionales suaves, debiendo aclararlos abundantemente. Si están impregnados con grasa, han de sumergirse en una solución alcalina durante aproximadamente una hora.

Para retirarles el agua deben dejarse gotear, sin retorcerlos, ya que su secado es bastante rápido, al ser de fibra sintética.

 Nota

Antes de volver a introducir el filtro, se limpiará la cámara del filtro y se comprobará la hermeticidad de la guía del filtro, sellando nuevamente si es necesario.

En los filtros de bolsa que pueden limpiarse con una aspiradora, se limpiará el lado contaminado repetidas veces. Si este método no elimina bien las partículas de polvo, se saca el filtro con la boca hacia arriba y se lava con un chorro de agua no demasiado fuerte, para que el sedimento salga por el otro lado, empleando, si es necesario, productos de lavado. Se aclaran y se dejan secar. Una vez secos, pueden ser colocados en su sitio original. Previamente, se habrá limpiado su habitáculo y, una vez colocados, se asegurará de que queden estancos por todo su contorno.

 Sabía que...

Estos filtros se pueden lavar dos o tres veces antes de ser sustituidos por unos nuevos.

Se montarán en posición centrada, utilizando el clip de fijación correspondiente.

Los filtros de gran eficacia no son aptos para ser lavados, por lo que siempre son sustituidos por otros de iguales características cuando se ensucian o ya no cumplen las exigencias requeridas.

En los filtros absolutos (HEPA), si es necesario, se cambiarán las células del filtro. El filtro ha de tener una tensión uniforme. La forma más adecuada de montarlos es apretando gradual y sistemáticamente con un movimiento circular, asegurándose de que quedan herméticos y bien cerrados.

Los filtros autorrotativos se cambiarán cuando salte la señal de alarma que indica el final del rollo de filtro.

7. Operaciones de reparación o sustitución de piezas en averías del sistema eléctrico y sus automatismos

Para mover los distintos componentes del sistema de ventilación-extracción, se emplea energía eléctrica. Cuando se produce una avería en un sistema de ventilación-extracción, uno de los primeros puntos que el técnico debe inspeccionar es el sistema eléctrico, ya que, si se produce un fallo eléctrico, el sistema o parte de este dejará de funcionar al no recibir la energía que requiere.

Los problemas eléctricos más comunes son provocados por:

- Falta de alimentación eléctrica.
- Mal conexionado.
- Derivaciones eléctricas.
- Deterioro de conductores.

Estos problemas, a su vez, pueden tener su origen en diferentes averías. Así, la falta de alimentación eléctrica puede deberse a que el equipo no está correctamente conectado a la corriente eléctrica y para solucionarlo bastará con restablecer la conexión correspondiente.

Pero también un cable mal conectado puede impedir que un equipo o un automatismo reciban la corriente correctamente. En este caso, habrá que comprobar que las conexiones están correctamente apretadas y que no hay cables cortados ni contactos quemados. Si no es así, se procederá a reajustar los terminales de los conductores, asegurándose de que queden firmemente conectados en el lugar en que deben, sustituir los cables cortados (ya que según el REBT, no pueden realizarse empalmes en lugares distintos de las cajas de conexiones) o sustituir los contactos quemados por otros nuevos.

Un mal conexionado también puede hacer que un elemento no funcione correctamente.

Ejemplo

Puede suceder que en una instalación un ventilador no proporcione el caudal previsto, porque esté girando en sentido contrario, debido a que se han invertido dos fases de la alimentación eléctrica. La solución consiste en invertir las fases.

El deterioro de los conductores puede llegar hasta el punto de que falte el aislamiento y los cables aparezcan pelados. En estas circunstancias, pueden producirse defectos a tierra de los conductores, que habrá que solucionar sustituyendo los cables deteriorados por otros en buen estado y aislando bien las partes sensibles.

También pueden producirse derivaciones eléctricas cuando algún elemento está mojado, ante lo cual habrá que secar las posibles unidades que pueden producir la derivación.

La instalación eléctrica de los sistemas de ventilación-extracción cuenta con elementos de protección, como magnetotérmicos, que protegen frente a sobreintensidades producidas por sobrecargas o cortocircuitos, e interruptores diferenciales, que protegen a las personas de contactos directos e indirectos y a las instalaciones contra incendios de origen eléctrico. Ante estos fallos, saltan los dispositivos de protección correspondientes, tras lo cual habrá que averiguar cuál es la causa del fallo. Si salta el dispositivo de protección por una sobrecarga, bastará con levantar la palanca correspondiente para restablecer el circuito, pero si vuelve a saltar, indicará la existencia de un fallo en alguno de los componentes de la instalación y habrá que averiguar en cuál de ellos está el fallo.

El magnetotérmico que protege a una línea puede saltar porque:

- El ventilador o el motor estén quemados.
- Las conexiones estén cortadas.
- El motor esté agarrotado.
- El ventilador esté atascado y no pueda girar.

Ante estos fallos, habrá que comprobar el estado en el que se encuentran estos componentes: habrá que comprobar que no existe nada que impida el libre movimiento de ventiladores y motores y, si es así, liberarlos para que puedan girar libremente. Si se comprueba que el fallo está en el cableado, habrá que establecer correctamente estas conexiones y si resulta que ventiladores o motores están quemados, hay que sustituirlos.

También el interruptor diferencial puede saltar, indicando que existen derivaciones a tierra en elementos, como el motor, que se haya quemado el condensador, que se haya mojado la caja de conexiones o el motor o que se hayan intercambiado las conexiones de neutro y tierra.

 Importante

Para trabajar con electricidad, hay que extremar las medidas de seguridad:

I Antes de empezar, hay que desconectar la alimentación eléctrica y asegurarse que nadie la conecta mientras se está realizando alguna reparación.
I Utilizar las herramientas y equipos de protección adecuados para trabajar con electricidad.
I Tomar las medidas necesarias para partes del sistema que puedan estar húmedas.
I Cuidado con la electricidad estática residual que puede quedar acumulada.

Los fallos en los automatismos de los sistemas de ventilación-extracción pueden ser también responsables de que estos no funcionen. Así, la avería en un termostato altera el correcto funcionamiento de toda la instalación: puede que el sistema no arranque porque no llega señal desde el termostato remoto. Hay que asegurarse de que el termostato funciona correctamente, pero, si no es así, hay que sustituirlo por otro de iguales características.

8. Mantenimiento correctivo de los sistemas y equipos terminales

Los equipos terminales son los que finalmente distribuyen el aire tratado en el recinto a climatizar, por lo que su mal funcionamiento, aun teniendo el aire tratado en las mejores condiciones para introducirlo, puede hacer que no se alcance el confort deseado en el local e incluso que haya zonas en las que se cause malestar a los usuarios.

Los sistemas terminales de ventilación-extracción pueden dividirse en pasivos y activos.

Los pasivos son elementos no móviles que, por su morfología, distribuyen el aire que los atraviesa para repartirlo por el local. Entre los elementos terminales de distribución pasivos se encuentran:

- Rejillas de lamas fijas, siendo estas simples, de doble reflexión o lineales, en distintos materiales, comúnmente aluminio o chapa.

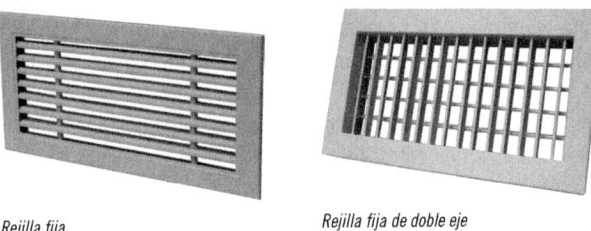

Rejilla fija   *Rejilla fija de doble eje*

- Difusores de cono fijo, circulares o cuadrados. Igualmente de distintos materiales.

Difusor cuadrado fijo

La principal deficiencia que pueden presentar, al no tener partes móviles, es que se obstruyan debido a la suciedad. Para corregir esto, se extrae la suciedad acumulada por medio de una aspiradora y, si es necesario, se pasa entre las rendijas un cepillo de las dimensiones adecuadas, untado con líquido jabonoso que facilite la limpieza.

 Consejo

Si la limpieza es demasiado dificultosa en el lugar donde está situada la pieza, esta puede ser extraída, limpiada y colocada otra vez.

Si la rejilla o difusor presenta deformaciones debidas a golpes, se podría intentar enderezar las partes torcidas, dándole el sentido original con la ayuda de unos alicates. De estar demasiado deformada la pieza, lo mejor será desatornillarla, si está anclada por medio de tornillos, o extraerla haciendo palanca con un destornillador, en caso de ir a presión, para sustituirla por otra nueva de iguales características.

Para los procesos de corrosión que pueden presentar, si son leves, se limará la parte deteriorada y, seguidamente, se aplicará una fina capa de pintura antióxido. Si la corrosión de la pieza es demasiada, esta será sustituida.

 Nota

Normalmente, aunque los sistemas de distribución terminal pasivos no tengan partes móviles, el flujo de aire que se les manda es controlado igualmente, pero, en lugar de ser controlado en el mismo elemento terminal, se controla por compuertas motorizadas situadas en partes anteriores del sistema, que distribuyen el paso de aire.

Los sistemas activos poseen partes móviles sobre las que actúa un servomotor o pueden ser movidos manualmente, por lo que, además de distribuir el aire, controlan el flujo de paso. Los elementos terminales de distribución se pueden dividir en manuales y motorizados. En este grupo, se encuentran:

■ Difusores rotacionales.

Difusor rotacional

■ Difusores radiales de aletas orientables.

Difusor radiales de aletas orientables

■ Rejillas orientables en un eje.
■ Rejillas orientables en dos ejes (arriba-abajo o izquierda-derecha).

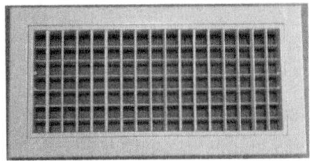

Rejilla orientable

En los elementos terminales activos, se pueden encontrar los mismos problemas anteriores y otros problemas propios de elementos móviles. Las partes móviles de estos elementos son especialmente sensibles a los agentes mencionados: suciedad, corrosión y deformaciones. Cualquiera de ellos puede anular la capacidad de movilidad y, por lo tanto, parte o toda la funcionalidad del elemento terminal.

Para corregir estas deficiencias, se retirará la suciedad, el óxido o cualquier cuerpo extraño que haga de tope a la movilidad de estas partes, limpiando y lubricando las partes de rozamiento para facilitar el movimiento.

Si la pieza ha sufrido una deformación por algún golpe que afecte al recorrido de la parte móvil, se puede intentar eliminar la irregularidad por medio de unos alicates, pero teniendo en cuenta que, en este caso, la actuación es algo más compleja que en el caso de los terminales pasivos.

 Nota

Cuando la movilidad del elemento no se puede recuperar, se sustituirá parte o todo el equipo terminal para que realice su función correctamente.

En los sistemas terminales movidos por medio de un motor, se deben incluir además posibles fallos eléctricos o las averías que pueden sufrir el motor y los sistemas de transmisión por poleas o engranajes.

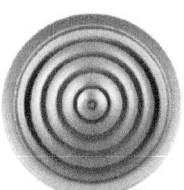

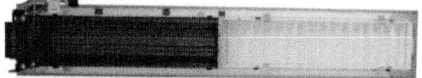

Difusor motorizado

Rejilla motorizada

Aplicación práctica

El difusor pasivo de un equipo de ventilación produce un ruido molesto y no orienta correctamente el flujo de aire. Al comprobar su estado, se observa que está sucio y sus superficies son irregulares por motivos de corrosión.

¿Cómo procederá en este caso?

SOLUCIÓN

En principio, se desatornilla el difusor del soporte donde se encuentra para poder actuar sobre este.

Si está demasiado sucio y con demasiada corrosión, lo mejor es sustituirlo por otro nuevo de iguales características.

Si las deficiencias no son demasiadas, se puede limpiar y limarle la corrosión para después darle una fina capa de pintura anticorrosiva.

Una vez seco, se vuelve a situar en su lugar para comprobar que el ruido ha desaparecido al eliminar las irregularidades que vibraban al paso del flujo de aire.

9. Resumen

En general, el mantenimiento correctivo en estos equipos es escaso, siempre que se utilicen adecuadamente, limitándose sobre todo a labores de limpieza de los distintos elementos que constituyen el sistema y a la sustitución de piezas que pudieran ser dañadas por el paso del tiempo. Pero, cuando se produce una avería en un sistema de ventilación-extracción, deben realizarse tareas de mantenimiento correctivo. La solución al problema puede requerir la reparación o la sustitución del elemento dañado. Pero también hay que localizar la causa de la avería, ya que, si no, la reparación será en vano.

Para efectuar las reparaciones, el técnico dispondrá tanto de herramientas genéricas, como de otras específicas. Disponer de piezas de repuesto también puede agilizar la reparación, pero hay que sopesar si es rentable o no disponer de un *stock* de piezas. De cualquier forma, el material se almacenará en condiciones adecuadas hasta su uso.

En los diferentes elementos de la instalación, pueden aparecer diferentes averías que hay que reparar para que el sistema siga funcionando, como fallos en la apertura de conductos, humedad o ruidos en conductos, corrosión en las palas de los ventiladores, falta de lubricación en motores, suciedad, desgaste y deterioros en las correas de transmisión o saturación en los filtros.

El mantenimiento correctivo requerirá en muchas ocasiones desmontar previamente las partes del sistema defectuosas para así facilitar los trabajos.

También el sistema eléctrico puede sufrir averías, como falta de alimentación, mal conexionado o deterioro de conductores, que harán que el sistema deje de funcionar o salten las protecciones, siendo esta parte uno de los primeros puntos en los que el técnico debe buscar un fallo del sistema.

Por último, no menos importantes son las reparaciones de los elementos terminales, ya que son el componente que está más cerca del usuario y su mal funcionamiento impide que se alcance el confort deseado.

Ejercicios de repaso y autoevaluación

1. **De las siguientes afirmaciones, diga cuál es verdadera o falsa.**

   a. La herramienta que se utiliza para reparar los circuitos de ventilación dependerá en gran medida del material de construcción de los conductos.

      ☐ Verdadero
      ☐ Falso

   b. Si se permite la acumulación de suciedad en el circuito de ventilación, esto no afectaría a la salud de sus usuarios, ya que la instalación tiene filtros.

      ☐ Verdadero
      ☐ Falso

   c. Antes de proceder al mantenimiento correctivo, se debe hacer una inspección detallada de todo el sistema, para detectar el origen de la deficiencia.

      ☐ Verdadero
      ☐ Falso

   d. Es importante que las correas estén a una tensión apropiada para optimizar el funcionamiento y alargar la vida del motor.

      ☐ Verdadero
      ☐ Falso

   e. No hay que preocuparse si los cojinetes del motor producen ruido, es lo normal.

      ☐ Verdadero
      ☐ Falso

2. **Complete el siguiente texto.**

   Las tareas de mantenimiento _____ en instalaciones de ventilación-extracción que se deben realizar en caso de encontrar una avería van a ser la _____ o _____ del elemento dañado.

En el caso de tener que reparar, cabe la posibilidad de que la pieza averiada pueda ser reparada sin tener que _____, puede que solamente deba ser limpiada o engrasada o actuar sobre parte de esta con facilidad desde el _____.

Sin embargo, en muchos casos, es más fácil extraer la pieza y volver a colocarla una vez _____, ya que la accesibilidad y el manejo de útiles se facilitan, al no tener las limitaciones de _____ y de _____ que se darían si el elemento se dejara fijado en su posición funcional.

3. **¿Cuál de los siguientes elementos es propio para fijar al techo conducciones, si la tabiquería es hueca?**

   a. Tacos metálicos.
   b. Tacos expansivos de plástico.
   c. Tacos de plástico para hormigón.
   d. Todas las opciones son incorrectas.

4. **¿Cuáles son las ventajas de disponer de un *stock* de piezas?**

   _____
   _____

5. **¿Qué es lo primero que hay que hacer para detectar una avería del circuito de ventilación?**

   a. Una inspección de la instalación.
   b. Desmontar el motor que mueve los ventiladores.
   c. Mirar a través de todas las aperturas del circuito.
   d. Todas las opciones son incorrectas.

6. **¿Cuáles son las operaciones de inspección a realizar antes del mantenimiento correctivo?**

   _____
   _____
   _____
   _____

7. ¿Cuáles son las principales causas de avería en un motor?

_____

_____

8. ¿En qué método de limpieza de conductos se requiere un equipo de aspiración?

    a. Método de aspiración por contacto.
    b. Método de limpieza por aire a presión.
    c. En ambos métodos.
    d. Ni en uno ni en otro.

9. ¿Cómo se reparará un ventilador si la unión de las palas a la flecha está deteriorada?

_____

_____

10. ¿Cuáles son los problemas eléctricos más comunes?

_____

_____

_____

_____

Capítulo 5

Puesta en servicio de las instalaciones de climatización y ventilación-extracción tras realizar el mantenimiento correctivo

Contenido

1. Introducción

Una vez realizada una reparación, se espera que el equipo de climatización o ventilación-extracción funcione correctamente, en las mismas condiciones que antes de la avería o incluso mejor.

Antes de su puesta en marcha, habrá que asegurarse de que todos los elementos de los sistemas están preparados para comenzar a funcionar.

Hechas las comprobaciones necesarias, se pondrá el equipo en funcionamiento. Este momento es clave para detectar alguna deficiencia que pudiera persistir tras la reparación y, si es necesario, detener la instalación rápidamente.

Ya funcionando la instalación, se procede a los ajustes precisos para que la instalación se avenga a los parámetros de funcionamiento deseados.

Pasado un tiempo prudente de funcionamiento de la instalación, se harán mediciones que corroboren que la instalación está estable y sus parámetros no cambian a lo largo del tiempo, si no es siguiendo las órdenes dadas por los sistemas de control de los equipos. Se impondrán a los automatismos, si son necesarias, las condiciones de funcionamiento para optimizar el sistema.

Finalmente, el técnico cumplimentará los informes necesarios para dejar constancia de las acciones correctivas llevadas a cabo, quedando un registro del mantenimiento correctivo que la máquina ha pasado a lo largo de su vida útil.

2. Comprobación de los parámetros de cada sistema con los de referencia en instalaciones de climatización y ventilación-extracción

Después de realizar tareas de mantenimiento correctivo en este tipo de instalaciones, es muy importante restablecer los parámetros de funcionamiento a los valores que se fijaron en la puesta en marcha de la instalación, proporcionando así el máximo confort a sus usuarios y obteniendo la máxima eficacia en el funcionamiento del sistema.

Nota

Si no se dispone de este registro, los parámetros de referencia utilizados serán los proporcionados por los fabricantes de las máquinas y los parámetros de diseño de la instalación, teniendo en cuenta lo establecido por la normativa sobre instalaciones y sobre ahorro de energía.

Deberá comprobarse que:

- Pueden ajustarse los parámetros de funcionamiento del sistema, programando el arranque y parada de los equipos.
- La temperatura y la humedad en los locales corresponden a los valores establecidos.
- La velocidad de impulsión del aire no rebasa el valor establecido en la zona donde se encuentran las personas y que proporcionan aire con suficiente calidad.
- Que la dirección que sigue el aire en su salida por los terminales es la adecuada, al estar correctamente inclinadas las aletas de salida.

2.1. Ajuste del tiempo de funcionamiento

Una vez reparado el equipo, debe volver a programarse el tiempo de funcionamiento, de forma que sea el usuario el que fije el horario de arranque y parada del equipo.

Para establecer el tiempo de funcionamiento, se emplea el reloj temporizador, del que, en versiones más o menos complejas, suelen disponer los equipos: introduciendo el horario deseado por medio de los controles, se podrá imponer el horario en el que se quiere que la máquina funcione.

Como se ha comentado, lo normal es que, al realizar una reparación, se pierdan datos de programación de los equipos. Al volver a poner en marcha la instalación, uno de los primeros datos a introducir será el ajuste de fecha y hora.

Sabía que...

Sobre estos datos, muchos equipos permiten seleccionar la hora de encendido y de apagado, dejándola guardada en memoria, para mayor comodidad del usuario.

Por otra parte, existen otros parámetros que no son controlables y que van a permanecer constantes después de una reparación, ya que vienen impuestos en la memoria del equipo por el fabricante, de forma que este funcione de manera correcta y segura. Así, por ejemplo, los equipos de climatización incorporan un retardo de unos tres minutos entre marcha y paro.

Aplicación práctica

Cuando tras una reparación se vuelve a programar el horario de arranque de la instalación, ¿puede procederse de alguna forma para anular el retardo entre marcha y paro que incorporan los equipos de climatización?

SOLUCIÓN

Este retardo viene impuesto por el fabricante en la memoria del equipo, por lo que no puede modificarse por el usuario, pero lo que sí se puede hacer es programar el funcionamiento de forma que arranque antes de la hora en la que se quiere que esté en funcionamiento, en un tiempo igual al tiempo de retardo.

Con este retardo se consigue:

1. Que se equilibren las presiones de alta y baja, facilitando el arranque del compresor.

2. Evitar que se dañe el compresor si, debido a cortes continuos en el suministro eléctrico, este intenta arrancar en múltiples ocasiones, en periodos de tiempo que pueden ser de segundos.

3. Evitar que dañe el compresor por un manejo inapropiado de los controles por parte del operador, que podría producir el mismo efecto.

 Nota

En caso de equipos reversibles, con bomba de calor, antes de arrancar la máquina en invierno, desconectada de la corriente, hay que esperar por lo menos tres horas para que las resistencias del cárter calienten el aceite de los compresores, ya que, por el frío, el aceite no lubrica como debería.

2.2. Temperatura y humedad

Los valores de temperatura y humedad que no deben sobrepasarse en el interior de los locales vienen establecidos en el RITE. En función de la época del año, en el RITE se establecen los siguientes valores límite:

- Verano: temperatura mínima 23-25 °C.; humedad relativa 40-60 %.
- Invierno: temperatura máxima: 21-23 °C; humedad relativa 40-50 %.

Para mantenerse dentro de estos valores, después de efectuar tareas de mantenimiento correctivo, se ajustarán los valores tope de consigna del termostato, de tal forma que, si se ha intervenido en este elemento, después de su reparación se coloque en el mismo lugar en el que estaba.

En los sistemas de climatización que utilizan agua como fluido de trabajo, además de controlar la temperatura ambiente, se debe controlar la temperatura del fluido, sobre todo después de una reparación, para evitar nuevas averías y mantener la seguridad del circuito hidráulico.

La medición de la temperatura del fluido puede ser permanente por medio de termómetros diferenciales (que controlan el funcionamiento del circuito hidráulico) o puntual con un termómetro.

La mejor forma para medir la temperatura es situar una vaina roscada de inmersión en los puntos donde se desea controlar la temperatura del fluido.

 Nota

Se trata de introducir una oquedad dentro del fluido para allí albergar la sonda de temperatura.

Otra forma sería medir la temperatura del fluido por contacto. En este caso, la sonda se coloca en contacto con el tubo por el que circula el fluido.

Se usa una sonda que, para medir la temperatura de un fluido que pasa por una tubería, se puede introducir en la vaina de inmersión o en una vaina de contacto.

2.3. Control de velocidad del aire

El valor máximo establecido para este parámetro en las bocas de salida de los conductos de aire no debe ser superior a 0,25 m/s al nivel donde se encuentran las personas.

Para comprobar que no se supera este valor, cuando se realice la puesta en marcha de la instalación tras efectuar una reparación, se medirá con un anemómetro la velocidad, hasta conseguir la velocidad deseada.

3. Operaciones habituales de puesta en servicio: mediciones, ajustes, control de automatismos y sistema de arranque-parada

La normativa vigente establece que, durante la instalación y a su finalización y antes de su puesta en servicio, deben efectuarse pruebas que verifiquen el correcto funcionamiento de la instalación.

Estas mismas pruebas serán las que se realicen durante y después del mantenimiento correctivo de equipos de climatización, ya que, ¿qué mejor método para que el técnico se asegure de haber hecho un buen trabajo que comprobar que el sistema supera las mismas pruebas que en caso de una nueva instalación?

 Nota

En muchos casos de mantenimiento leve, se tiene la ventaja de centrar la atención en el ajuste de la parte del sistema sobre la que se realizó la actuación.

Aparte de las pruebas técnicas (por ejemplo: pruebas de la estanquidad en las tuberías, de presión en conductos, o velocidad del aire), el técnico también verificará otros aspectos, no menos importantes:

- Cumplimiento de las condiciones de confort, ya que en realidad son la razón de ser del sistema de climatización.
- Funcionamiento del control automático, para que el sistema de climatización o de ventilación-extracción se ajuste a los requerimientos que puedan ir sucediéndose a lo largo del tiempo.
- Funcionamiento de las protecciones de seguridad.

El mantenedor, al realizar estas verificaciones, emitirá un certificado en el que atestigua que las pruebas se han realizado con resultado satisfactorio y así se quedarán registradas.

3.1. Consideraciones para la puesta en servicio

Las reparaciones se hacen para que los equipos funcionen en condiciones óptimas. Antes de poner en marcha una instalación en la que se han realizado trabajos de mantenimiento correctivo, es necesario eliminar cualquier resto que haya podido quedar (por ejemplo, si se ha limado algún componente, deben eliminarse las limaduras) y se asegure que las unidades funcionan según las condiciones de diseño (flujo de aire, temperaturas y presiones).

También se comprobará que los niveles sonoros no son excesivos: al realizar una reparación, se pueden cambiar componentes o variar parámetros de funcionamiento del sistema, por lo que, al encender de nuevo el equipo, es normal que los niveles sonoros hayan variado respecto a los que había antes de la reparación. El sonido detectado estará en función de la velocidad del ventilador, las condiciones del filtro o las pérdidas actuales de la presión del conducto. Además, los niveles sonoros pueden verse afectados en función del método de instalación de los componentes periféricos, los conductos, las características de los mismos y las peculiaridades del edificio o local que se pretende climatizar.

 **Nota**

Con el fin de evitar la sobrecarga del ventilador, en equipos de ventilación o UTA, las unidades solo arrancarán con los filtros y otros componentes ajustados correctamente, con los conductos conectados a las unidades y con las puertas de acceso cerradas, para así contribuir a la seguridad de la instalación.

Ventilador-motor

Antes de encender el equipo, se comprobará que el ventilador puede girar libremente, girando el rotor de forma manual y examinando la envolvente del ventilador para comprobar que no han quedado en él cuerpos extraños. También se comprobará que todos los tornillos de fijación de las poleas de la correa están bien apretados.

Se comprueba mirando que las poleas no están bloqueadas
y que las correas están bien centradas y tensadas

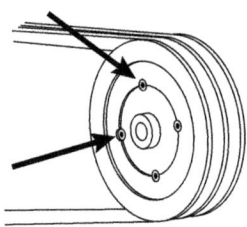

Se mirará la tensión de las correas del ventilador y la alineación. Se comprobarán las conexiones del motor y, con un polímetro, se medirá la tensión para comprobar que se ajusta a los niveles de trabajo de diseño.

Cuando se realice una reparación, puede aprovecharse para lubricar las partes móviles menos accesibles, ya que, en la propia reparación, quedan accesibles.

Las correas que enganchan el ventilador con el motor deben estar alineadas y girar sin oposición o rozamientos.

Recuerde

De todas formas, se continuarán aplicando las instrucciones del fabricante para mantener lubricado el conjunto motor-ventilador.

Es posible que la puesta en marcha después de una reparación pueda resultar ruidosa hasta que se distribuya la grasa de forma homogénea.

Recuerde

Consulte el manual individual de instalación, funcionamiento y mantenimiento del proveedor para obtener información adicional. Muchas veces, en la puesta en marcha, se dan situaciones que pueden parecer defectos y luego no lo son y viceversa. El manual informará acerca de estas situaciones.

Si se han instalado poleas ajustables, se asegurará que están colocadas con la proporción correcta.

Aplicación práctica

En la reparación de un ventilador que no proporcionaba todo el caudal que debía se aprovechó para lubricar las partes menos accesibles del equipo. Antes de la reparación no se habían producido quejas porque la instalación fuera ruidosa, pero, tras la reparación, se aprecia un incremento del ruido, ¿cómo debe procederse en este caso?

SOLUCIÓN

Habrá que asegurarse de que no hay razones mecánicas que justifiquen este incremento de ruido, como que no se haya reparado correctamente la avería y queden partes sueltas. Si no se detectan fallos mecánicos, habrá que esperar a que el lubricante incorporado se distribuya completamente para que así el funcionamiento vuelva a ser silencioso.

El ventilador no funcionará con los dispositivos de intercepción cerrados (por ejemplo las compuertas) para impedir la deformación permanente de la estructura. Las compuertas estarán abiertas mientras funcionen los ventiladores.

Intercambiadores de calor

Principalmente, hay que asegurarse de que las baterías, otras conexiones y todas las válvulas se han comprobado frente a fugas.

El tamaño de la batería de intercambio de calor va en función de la potencia del equipo de climatización.

 **Nota**

Si se trata de condensadores directos o condensadores de aire enfriado, debe llenarse el sistema con el refrigerante adecuado.

Las baterías de intercambio más habituales son las que van llenas de agua a la que se añaden aditivos estándar para protegerlas contra congelación y corrosión.

El procedimiento para poner en marcha una batería de agua es el siguiente:

1. Se abre la válvula de purga.
2. Se abre un poquito la válvula de suministro de agua, de forma que la batería del calentador se llene lentamente y permita salir el aire por la válvula de purga.
3. Cuando comience a salir agua por esta última, la batería estará completamente llena y se cerrará la válvula de purga.
4. Se abre la válvula de agua completamente y se enciende el ventilador.
5. Finalmente, hay que ventilar completamente todas las tuberías y conexiones.

Para llenar una batería de vapor, el procedimiento será el siguiente:

1. Se abren gradualmente la válvula de purga de aire y la válvula de drenaje de condensados.
2. Se abre la válvula de vapor hasta que el vapor penetre a través de la válvula de drenaje de condensados y la válvula de purga de aire.
3. Se cierran la válvula de drenaje de condensados y la válvula de purga de aire. Se abre completamente la válvula de vapor.
4. Se ventila con regularidad durante las operaciones.

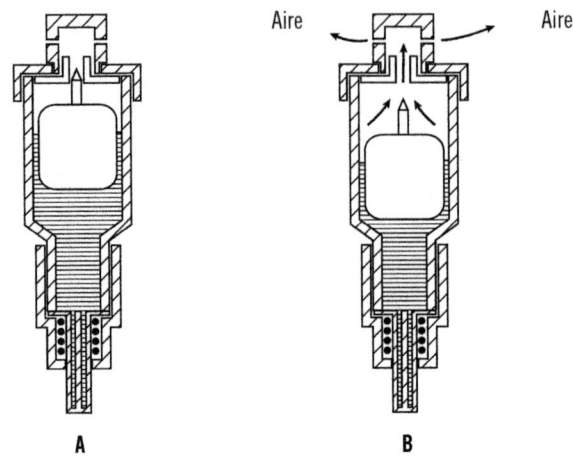

A   B

El purgador automático de algunas instalaciones funciona así: cuando no existe aire en la instalación, el flotador está elevado por el empuje del agua que encierra (A). si existe aire, baja el nivel del agua, desciende el flotador y el aire es evacuado por el orificio superior (B).

 Importante
_____

Si la instalación se desconecta temporalmente, no deberán quedar condensados en las conexiones, a fin de evitar riesgos de congelación y corrosión. Para evitar un calentamiento excesivo en la unidad, la parada del ventilador debe retrasarse unos 3 a 5 min después de que se haya cerrado la válvula de vapor.

_____

Calentadores de aire eléctricos

Este tipo de baterías eléctricas para calentar aire presenta termostatos de sobrecalentamiento de reajuste manual, así que después de una reparación hay que volver a ajustarlos utilizando un termómetro ambiente para asegurarse de que las mediciones que toman son correctas.

Nota

Es normal que el ventilador de la unidad se desconecte pasados 3-5 min después de apagar la instalación, con el fin de evitar sobrecalentamientos en el interior de la unidad.

Filtros

Las pérdidas finales de presión de aire de cada conjunto de filtros son indicadas por las fichas técnicas de la unidad que aporta el fabricante.

Se asegurará que se han instalado las células de filtro o medios independientes, como filtros de bolsa, filtros HEPA o filtros de rotación.

Los filtros HEPA son filtros de alta eficiencia, pero, como inconveniente, reducen la presión del aire.

Se comprobará que el filtro está instalado correctamente, de manera que el lado de entrada de aire del filtro esté expuesto al flujo de aire contaminado. Se consultará la documentación certificada, ya que puede variar.

Si el equipo funciona con filtros de rotación, se comprobará que el motor de impulsión del filtro y el control del interruptor funcionan correctamente.

Cuando las juntas del bastidor del filtro se pueden retirar, se deben colocar nuevamente para evitar que se produzcan derivaciones de aire por mal ajuste de los filtros.

Para medir la caída de presión después de haber realizado una reparación o sustituido un filtro, se puede utilizar un manómetro de tubo.

 **Nota**

Los manómetros de tubo son llenados con un líquido indicador que tiene la densidad correcta para proporcionar una medida exacta.

Si la instalación dispone de un sensor de presión diferencial, es necesario marcar en la escala los niveles de presión baja y alta.

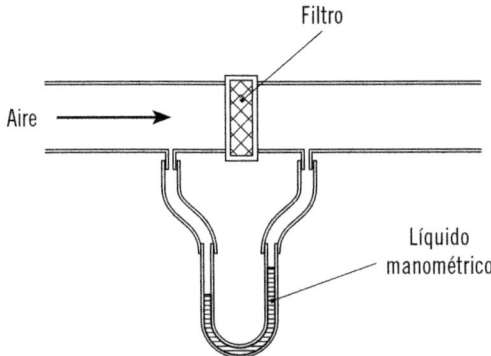

La pérdida de presión que el aire sufre al atravesar el filtro se puede medir con un tubo bypass calibrado que contiene líquido manométrico.

Circuito de humidificación de aire

Se comprobará que el filtro de la bomba, los tubos de spray y las boquillas de lavado están bien ajustados antes de la puesta en marcha.

Después de una reparación donde hubo que vaciar el circuito de agua, se rellenarán el depósito y el sifón con agua limpia y se calibrará la válvula de flotador, de manera que el cierre se produzca unos 2 o 3 cm por debajo del nivel de rebose.

Circuito de humidificación. El depósito se debe mantener limpio y el agua que se utiliza ha de ser tratada si es necesario

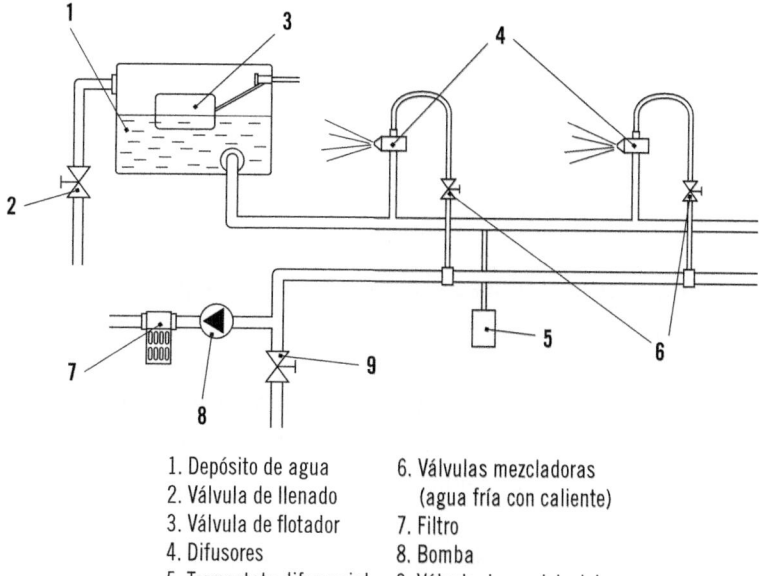

1. Depósito de agua
2. Válvula de llenado
3. Válvula de flotador
4. Difusores
5. Termostato diferencial de temperatura
6. Válvulas mezcladoras (agua fría con caliente)
7. Filtro
8. Bomba
9. Válvula de servicio del circuito

Siempre hay que ventilar el tubo de succión.

Se asegurará que la dirección de rotación de la bomba es la correcta. Se medirá la potencia absorbida y se comparará para ver si coincide con la potencia que indica la placa de características de la bomba.

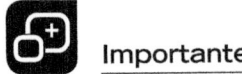

Importante

Este tipo de bomba nunca debe funcionar en seco, de lo contrario, esta se podría recalentar
y llegar a quemarse, quedando inservible.

La válvula que regula el lado de presión se ajustará a la cantidad de agua
correcta.

El volumen de agua de purga será más o menos el mismo volumen de agua
evaporada por el sistema.

Se comprobará por medio de un manómetro el correcto ajuste.

Se regulará el volumen de agua para lavado de sedimentos mediante la
válvula de descarga de lavado.

Se mirará que el humidificador y los módulos de separación de humedad
están bien instalados.

Se comprobará la hermeticidad de las juntas del lavador de aire y las unidades de humidificación, que se encuentran entre módulos, y, si es necesario,
se aplicará material de sellado adicional.

La calidad del agua es un factor esencial para garantizar un funcionamiento
correcto del humidificador y del lavador de aire.

Antes de poner en funcionamiento un sistema de humidificación después
de una reparación, se asegurará que el agua con la que se va a llenar el sistema
es adecuada y no provocará nuevos daños.

Sabía que...

La garantía de los fabricantes de este tipo de equipos no cubre el caso de utilizar aguas no aptas para el funcionamiento de sus aparatos.

Si se utiliza agua no tratada, salobre o tratada inadecuadamente en las unidades de humidificación, se pueden producir incrustaciones, erosión, corrosión, algas o lodos, por eso es necesario analizar el agua que se utiliza y si es preciso tratarla.

Antes de llevar a cabo cualquier tratamiento de agua, es necesario medir la dureza del agua. De acuerdo con el grado inherente de dureza del agua y la prioridad de funcionamiento de la instalación del aire acondicionado, podrá seleccionarse entonces un tratamiento apropiado del agua.

Los equipos de humidificación son muy sensibles a la suciedad o la cal del agua, ya que pueden atrancar sus difusores.

Se puede recurrir a un especialista cualificado en el tratamiento de aguas.

Parámetros dentro de los cuales el agua es apta para ser utilizada en equipos de humidificación	
Apariencia	Transparente, incolora y libre de sedimentos
Valor pH	de 7 a 8,5
Conductividad	máx. 30 mS/n
Dureza total	máx. 8,1
Dureza de carbonato	máx. 3,5 mol/m³
Contenido total de sal	máx. 250 g/m³
Contenido de cloruro	0 g/m³
Sulfato	0 g/m³
Manganeso	máx. 0,01 g/m³
Ácido carbónico agresivo	0 g/m³
Uso de KMnO₄	máx. 20 g/m³

3.2. Prueba de funcionamiento de una instalación de ventilación-extracción

Completadas las operaciones previas a la puesta en marcha, se conecta el sistema para realizar la prueba de funcionamiento.

Para medir el rendimiento del motor y el caudal de aire en la prueba de funcionamiento, es imprescindible que la unidad de impulsión esté acoplada a la instalación finalizada, es decir, al circuito de tuberías de ventilación. Midiendo el rendimiento del motor por medio de su consumo, se tiene en cuenta que el motor funciona moviendo un ventilador que ha de impulsar el aire a lo largo de un circuito de conductos, pasando por filtros y otros componentes. De otra manera, la medida no sería real para la instalación dada.

 Nota

Las puertas de la unidad permanecerán cerradas durante la medida para evitar un flujo excesivo en la instalación que pueda producir una medida inexacta y daños en el motor.

Tras accionar el interruptor, se comprueba que la dirección de rotación es correcta.

Es importante ir comprobando el consumo de potencia: por medio de la pinza amperimétrica se medirá la intensidad durante todas las fases y se irá comparando con los datos de potencia indicados en la placa de características del motor. Si el consumo de potencia en el funcionamiento del equipo es demasiado elevado, probablemente se deba a que la conexión sea defectuosa, por lo que habrá que apagar la unidad lo más rápido posible.

Rodeando el cable con la pinza amperimétrica, mide la intensidad consumida y se compara con los datos de la placa técnica.

Se escucha si el ventilador o los cojinetes del motor emiten ruidos indebidos.

Con un anemómetro y un manómetro se mide el caudal de aire y la presión externa, respectivamente, para comprobar que, tras la reparación o sustitución de algún elemento, los parámetros de diseño siguen dentro de los rangos correctos.

 Nota

Es frecuente que el caudal de aire medido no se ajuste a los datos de funcionamiento indicados en la unidad, debido a un cálculo equivocado por reducciones de la presión de aire externa.

Respecto al caudal de aire, pueden darse dos situaciones:

1. La presión estática exterior es superior a la especificada, mientras que el caudal de aire medido es demasiado bajo.
2. La presión estática exterior real es inferior a la especificada, por lo que el caudal de aire es demasiado elevado.

Ante la primera situación, se debe aumentar el caudal de aire, cambiando o ajustando las poleas de transmisión por correa.

 Importante

Sería un grave error intentar aumentar la velocidad del ventilador por encima del límite permitido de potencia del motor, ya que se podrían deteriorar el motor, el ventilador y la dirección, con lo que el ajuste saldría bastante caro.

En la segunda situación, con un caudal de aire superior, se tiene como resultado un gran aumento de la potencia absorbida por el motor.

La sobrecarga del motor le puede producir daños.

Para solucionar este problema, existen distintas opciones:

- Cambiar las poleas de transmisión por correas.
- Reducir las revoluciones por minuto (r. p. m.) del ventilador, de acuerdo a la curva del ventilador.
- Reducir el caudal de aire, mediante el uso de compuertas.

Aplicación práctica

Se ha sustituido el motor de un sistema de ventilación y se está realizando la puesta en marcha. Con el anemómetro, se comprueba que los datos de caudal de aire no se ajustan a los datos de funcionamiento que indica la unidad, ¿qué se puede hacer si el caudal de aire detectado es muy superior al que debería, pero el consumo del motor es el que se espera, según sus características?

SOLUCIÓN

En este caso, el motor está funcionando correctamente y el exceso de caudal tiene un origen diferente a un fallo de funcionamiento, como puede ser que la instalación esté mal calculada o se haya instalado un motor con más potencia, por lo cual, para reducir el caudal, puede procederse a cerrar las compuertas.

3.3. Ajustes en las instalaciones de climatización y de ventilación-extracción

Tras realizar trabajos de mantenimiento correctivo, la empresa mantenedora deberá dejar la instalación funcionando dentro de unos márgenes de tolerancia, además de dejar registradas las condiciones de funcionamiento de los equipos y aparatos.

Los resultados de los valores medidos han de anotarse en una ficha de mantenimiento, que servirá para poder observar la evolución de los valores a lo largo de la vida útil del equipo o de la instalación y así poder compararlos con los de referencia, facilitados por el fabricante, en caso de realizar acciones de corrección.

El cumplimiento de las fichas técnicas deja constancia escrita de que cada uno de los equipos, aparatos y sus accesorios sobre los que se ha intervenido han sido ajustados y equilibrados, facilitando así las tareas de mantenimiento posteriores.

 **Importante**

Las operaciones para la corrección y optimización han de ser realizadas por el mantenedor autorizado o director de mantenimiento y será suya la responsabilidad. En todo momento, se han de seguir las pautas marcadas por el fabricante en el manual de uso y mantenimiento.

Ajuste en las instalaciones de climatización

En instalaciones de climatización, los parámetros de funcionamiento deben ser ajustados a los valores de las prestaciones que figuren en el proyecto o memoria técnica, teniendo en cuenta los márgenes de tolerancia admisibles.

En el procedimiento de ajuste y equilibrado de los sistemas, se tendrá en cuenta lo siguiente:

- Deben conocerse el caudal nominal y la presión de cada circuito, así como el caudal nominal en ramales y unidades terminales.
- Se comprobará que el fluido anticongelante contenido en los circuitos expuestos a heladas cumple con los requisitos especificados en el proyecto o memoria técnica.
- Cada bomba, de la que se debe conocer la curva característica, deberá ser ajustada al caudal de diseño, como paso previo al ajuste de los generadores de calor y frío a los caudales y temperaturas de diseño.
- El punto de trabajo de cada ventilador, del que se debe conocer la curva característica, deberá ser ajustado al caudal y la presión correspondiente de diseño.
- Las unidades terminales, o los dispositivos de equilibrado de los ramales, serán equilibradas al caudal de diseño.
- En circuitos hidráulicos equipados con válvulas de control de presión diferencial, se deberá ajustar el valor del punto de control del mecanismo al rango de variación de la caída de presión del circuito controlado.
- Cuando exista más de una unidad terminal de cualquier tipo, se deberá comprobar el correcto equilibrado hidráulico de los diferentes ramales, mediante el procedimiento previsto en el proyecto o memoria técnica.

- De cada intercambiador de calor, se deben conocer la potencia, temperatura y caudales de diseño, debiéndose ajustar los caudales de diseño que lo atraviesan.

- Cuando exista riesgo de heladas, se comprobará que el fluido de llenado del circuito primario del subsistema de energía solar cumple con los requisitos especificados en el proyecto o memoria técnica.

- En unidades terminales con flujo direccional, se deben ajustar las lamas para minimizar las corrientes de aire y establecer una distribución adecuada del mismo.

- En locales donde la presión diferencial del aire respecto a los locales de su entorno o el exterior sea un condicionante del proyecto o memoria técnica, se deberá ajustar la presión diferencial de diseño mediante actuaciones sobre los elementos de regulación de los caudales de impulsión y extracción de aire, en función de la diferencia de presión a mantener en el local, manteniendo a la vez constante la presión en el conducto.

 Nota

El ventilador adaptará, en cada caso, su punto de trabajo a las variaciones de la presión diferencial mediante un dispositivo adecuado.

Ajustes en las instalaciones de ventilación-extracción

Cuando se trate de instalaciones de ventilación-extracción, en el ajuste y equilibrado de los sistemas, habrá que documentar que:

- Se conocen el caudal nominal y la presión en cada circuito, sus ramales y unidades terminales.

- En cada ventilador se ha ajustado el punto de trabajo al caudal y a la presión correspondiente de diseño.

- Se han ajustado las unidades terminales de impulsión y retorno al caudal de diseño, mediante sus dispositivos de regulación, de forma que proporcionen el caudal especificado en el proyecto o memoria técnica, y que se han ajustado las lamas para minimizar las corrientes de aire y establecer una distribución adecuada del mismo.

4. Cumplimentación de informes y memoria de la intervención correctiva realizada y resultados de la reparación

Cuando el técnico mantenedor haya realizado trabajos de mantenimiento correctivo en una instalación, ha de dejar constancia de las operaciones de mantenimiento realizadas. Para ello, se servirá de distintos documentos, que tendrán gran utilidad en un futuro para sí mismo, otros técnicos, el usuario de la instalación u otros agentes externos, como pueden ser distintas administraciones públicas, proporcionando información sobre la evolución que siguen las instalaciones de climatización o de ventilación-extracción.

4.1. Cumplimentación de informes

Los informes realizados en las actividades de mantenimiento correctivo no necesitan ser presentados en ningún organismo, pero quedarán registrados por si las diferentes administraciones (como administraciones locales, autonómicas, de industria o medioambiente, según su competencia) requieren dicha información.

Según el artículo 27 del RITE, la empresa que realiza las actividades de mantenimiento de una instalación térmica (frío-calor) confeccionará un registro de actuaciones que se integrará en el libro del edificio. Concretamente, el RITE, especifica lo siguiente al respecto:

Artículo 27. Registro de las operaciones de mantenimiento.

Toda instalación térmica debe disponer de un registro en el que se recojan las operaciones de mantenimiento y las reparaciones que se produzcan en la instalación, y que formará parte del Libro del Edificio.

El titular de la instalación será responsable de su existencia y lo tendrá a disposición de las autoridades competentes que así lo exijan por inspección o cualquier otro requerimiento. Se deberá conservar durante un tiempo no inferior a cinco años, contados a partir de la fecha de ejecución de la correspondiente operación de mantenimiento.

La empresa mantenedora confeccionará el registro y será responsable de las anotaciones en el mismo.

En el informe de mantenimiento correctivo, se especificarán los siguientes datos:

- Empresa mantenedora autorizada que realiza la reparación.
- Propietario de la instalación.
- Denominación y situación de la instalación en cuestión.
- Descripción de la actividad correctiva: defecto encontrado, materiales y técnicas empleadas para subsanarlo y resultado de la reparación.
- Fecha de intervención correctiva.

 Nota

La extensión del informe será variable en función, como es lógico, de la magnitud de la acción correctiva realizada.

 Aplicación práctica

Tras realizar la sustitución del motor averiado en un sistema de ventilación, la empresa reparadora ha realizado el correspondiente informe de mantenimiento correctivo y el titular de la instalación lo ha incorporado al libro del edificio, pero, ¿debe hacerse alguna otra incorporación?

SOLUCIÓN

Debe incluirse también la documentación correspondiente al equipo que se ha sustituido: catálogos, fichas de funcionamiento, etcétera, que puedan servir para su posterior puesta a punto, mantenimiento o reparación.

4.2. Memoria de la intervención correctiva realizada

Para dejar constancia del mantenimiento correctivo realizado, debe procederse a la documentación y archivo de todas las actuaciones de reparación que tengan lugar en cada instalación concreta.

Para ello, el técnico de mantenimiento redactará una memoria de intervención en la que explique el objeto de su intervención (por ejemplo intervención por avería de un motor), justifique las decisiones tomadas al respecto (reparación o sustitución, por motivos económicos), los medios que ha empleado para llevar a cabo (un nuevo motor marca X igual que el que se ha sustituido), las tareas que ha comportado la reparación de la avería (desmontaje, examinar el motor, volver a montar), etcétera.

 Consejo

El técnico puede establecer el formato de los documentos que le van a servir para redactar la memoria de la intervención realizada, de forma que le sirvan como referencia a la hora de enfrentarse a otros trabajos similares.

La memoria expondrá todos estos datos de forma clara y ordenada, evitando aquellas referencias que puedan significar errores de interpretación y siguiendo un orden lógico similar al que se sigue para el desarrollo de los trabajos.

En la memoria de la intervención correctiva se pueden definir cuáles van a ser los tiempos de intervención que va a requerir cada tarea específica, aunque los tiempos necesarios para cada tarea específica no pueden ser establecidos basándose en ningún criterio matemático ni preconcebido, dado que trabajos idénticos pueden requerir aplicaciones de tiempos diferentes en unas instalaciones y en otras e incluso actuaciones idénticas sobre elementos idénticos, dentro de una misma instalación, pueden requerir tiempos diferentes. No es obligatorio, pero es conveniente indicar el tiempo que lleva la acción correctiva, intentando desglosarlo, para obtener una valiosa información para reparaciones futuras.

Ejemplo

Reparación del motor de una compuerta motorizada:

1. Detección de avería (1 h).
2. Extracción del motor averiado (30 min).
3. Pedido y recepción de la pieza a sustituir (2 días).
4. Acoplado del motor y puesta en marcha (1,5 h).

Son datos orientativos que servirán para futuras operaciones de mantenimiento correctivo similares.

También deberán registrarse los tiempos que realmente se ha tardado en efectuar la intervención.

Organización de recursos técnicos

En la memoria de intervención, se recogerá la organización de los recursos técnicos, humanos y materiales que se han aplicado a cada servicio de mantenimiento realizado, indicando los nombres, niveles profesionales y especialidades de los técnicos que han intervenido, con especial especificación de los responsables directos de la ejecución.

Medios técnicos y herramientas necesarias

En la memoria de intervención, también se enumerarán los medios técnicos, herramientas e instrumentos que han sido necesarios para la realización de las operaciones de mantenimiento correctivo llevado a cabo. Se indicarán los medios que van a permanecer en la instalación de forma permanente y los que sean facilitados por la propiedad, así como aquellos otros que sea necesario incorporar en el transcurso de la reparación.

Se incluirán los repuestos empleados, sean estos elementos concretos o parte de los materiales consumibles, indicando en cada caso si han sido adquiridos para esta reparación o si provenían del *stock* de repuestos. Esto es importante, ya que permite mantener actualizado dicho *stock.*

Partes de trabajo

Este documento tiene una doble utilidad: por un lado, permite al técnico o la empresa de mantenimiento llevar a cabo el control y seguimiento de las intervenciones realizadas sobre cada elemento y de los tiempos realmente empleados por sus operarios para desarrollarlas, lo que hace posible efectuar el seguimiento técnico y económico de las intervenciones de mantenimiento correctivo y adecuar los protocolos y los tiempos de dedicación a las necesidades reales en cada caso. Por otro lado, facilita a los propietarios y usuarios la información detallada y puntual del trabajo que se está efectuando.

Importante

Los partes de trabajo cumplimentados deberán irse incorporando en la memoria de intervención correctiva, a medida que se vayan efectuando las actuaciones, configurando un archivo de información histórica del servicio prestado.

5. Regulación de automatismos eléctricos

Los nuevos avances tecnológicos han permitido incorporar en los equipos de climatización y ventilación-extracción sistemas automáticos que actúan en función de la información recogida por distintos tipos de sensores.

Estas actuaciones automáticas permiten regular y optimizar los equipos de climatización y ventilación-extracción sin necesidad de tener que estar continuamente controlando el funcionamiento del sistema, ya que de ello quedan encargados los automatismos eléctricos.

Los elementos que en las instalaciones de climatización y de ventilación-extracción se emplean para el ajuste y control de automatismos son los mismos, siendo los parámetros de funcionamiento los que varían de un tipo de instalación a otro.

Para mantener las variables de una instalación dentro de los valores prefijados, debe actuarse sobre los diferentes sistemas de control. Los sistemas de control constan de:

- Sensores para captar las condiciones ambientales del parámetro a medir.
- Dispositivos de mando a los que llega la información de los sensores, que comparan con los valores preestablecidos y mandan la correspondiente orden.
- Dispositivos actuadores, que ejecutan las órdenes recibidas accionando el dispositivo gobernado y modifican así las condiciones de la instalación.

Esquema de un sistema de control

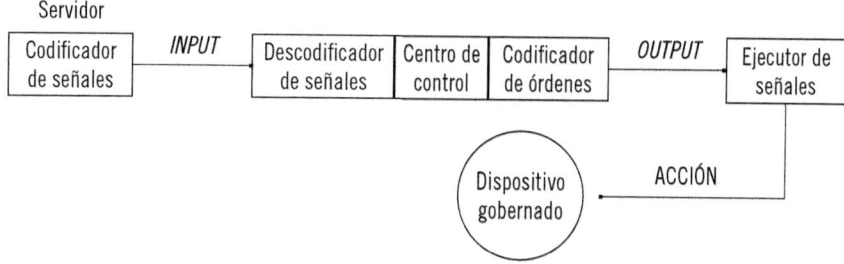

Existen sensores para medir la temperatura (termómetros de bulbo, bimetales, sondas termopar, termómetros de resistencia), para medir la presión (tubos de Bourdon, fuelles metálicos, discos capacitivos), el caudal (molinetes, tubos de Pitot y Venturi), la humedad (sensores de materiales higroscópicos, sensores con materiales conductores), la calidad del aire (sensores de CO_2 y CO, sensores de iones, detectores de humos, detectores de fugas de refrigerante), el ruido (sonómetros), etcétera, utilizándose unos u otros en función de la instalación ejecutada.

Dispositivos de mando son los termostatos (de ambiente o inespecíficos y específicos), presostatos (mecánicos y con sondas de presión), higrostatos (de ambiente y con sonda de humedad), etcétera.

Los actuadores, encargados de ejecutar las órdenes, son los servomotores, que se emplean para accionar los elementos mecánicos de la instalación según la orden dada por el control correspondiente, adaptándose y manteniéndose en cualquier valor dentro de su rango de actuación; las válvulas de dos vías, de tres vías y válvulas de mezcla, que abren o cierran circuitos por medio de llaves y efectúan la distribución de fluidos en una u otra dirección; las compuertas motorizadas, con las que regular el caudal que pasa por un conducto, de forma proporcional a la apertura de la compuerta o de tipo todo/nada; las compuertas de sobrepresión, que permiten liberar el exceso de sobrepresión en el interior de conductos; los contactores y los relés, con los que se pueden accionar motores eléctricos, resistencias, etcétera, automáticamente y a distancia; los variadores de velocidad, con los que se puede variar la velocidad de giro de un motor eléctrico para que no funcione siempre a la misma velocidad, etcétera.

Hecha la reparación en el sistema de climatización o de ventilación-extracción, se deben realizar unos ajustes para la puesta en marcha, ya que es normal que los parámetros básicos de funcionamiento se puedan haber alterado. Para ello, se hará uso de los elementos de mando, que permiten al usuario de la instalación actuar sobre el control, imponiendo los parámetros de funcionamiento que mejor se ajusten a las necesidades establecidas con anterioridad a la reparación, por ejemplo ajustando la temperatura del termostatos de una habitación.

Actualmente, los controladores de las instalaciones son muy fáciles e intuitivos de manejar, empleando para ello un número reducido de botones en el mando, APP para Smartphone o incluso manejando el sistema por medio de órdenes verbales del usuario a equipos de inteligencia artificial que ejecutan acciones simples (subir-bajar temperatura) o más complejas como programar el encendido y apagado.

 Nota

Cada vez están más implantados los asistentes inteligentes en los hogares. Los más utilizados son Alexa, Google home y Siri. Detrás de los que se encuentran los gigantes tecnológicos, Amazon, Google y Apple, respectivamente.

Estos equipos se denominan "conectados", ya que requieren de conexión wifi, a través de la cual se reciben las órdenes del usuario que las podría dar por medio de su Smartphone sin necesidad de estar presente en el lugar.

También se pueden distinguir los mandos en función de si son automáticos o no:

- Mandos manuales: el propio usuario los controla según su criterio.
- Automáticos: están programados previamente y el equipo autómata controla el funcionamiento del equipo en función de parámetros exteriores.

 Sabía que...

El control autónomo más empleado para climatización son los termostatos de ambiente. Estos controlan la temperatura del aire en el lugar donde se instalan. Se fijan en una pared, entre 1,60-1,70 m sobre el suelo (altura de los ojos).

6. Programación de autómatas programables de las instalaciones tras el mantenimiento correctivo

En la IT-2 del RITE, se regulan las operaciones de ajuste y equilibrado que deben realizarse a las instalaciones térmicas una vez que se ha realizado el montaje.

IT 2.3.4 Control automático

A efectos del control automático:

Se ajustarán los parámetros del sistema de control automático a los valores de diseño especificados en el proyecto o memoria técnica y se comprobará el funcionamiento de los componentes que configuran el sistema de control.

Para ello, se establecerán los criterios de seguimiento basados en la propia estructura del sistema, en base a los niveles del proceso siguientes: nivel de unidades de campo, nivel de proceso, nivel de comunicaciones, nivel de gestión y telegestión.

Los niveles de proceso serán verificados para constatar su adaptación a la aplicación, de acuerdo con la base de datos especificados en el proyecto o memoria técnica. Son válidos a estos efectos los protocolos establecidos en la norma UNE-EN-ISO 16484-3.

Cuando la instalación disponga de un sistema de control, mando y gestión o telegestión basado en la tecnología de la información, su mantenimiento y la actualización de las versiones de los programas deberán ser realizados por personal cualificado o por el mismo suministrador de los programas.

Como recoge el último párrafo, la programación de los sistemas de control debe ser realizada siempre por personal cualificado, por lo que, para que una instalación de climatización o de ventilación-extracción que ha sido reparada siga cumpliendo los preceptos establecidos en el RITE en función de los cuales fue diseñada e instalada, debe ser reprogramada por personal cualificado, que puede pertenecer a la empresa que instaló el equipo de control, y no por cualquier otro técnico que carezca de conocimientos informáticos.

6.1. Puesta a punto de autómatas programables

Después de la intervención en el mantenimiento correctivo de los equipos de climatización, puede darse que los autómatas programables pierdan la programación impuesta por el usuario inicialmente o que el conexionado no quede en condiciones de adecuado funcionamiento, por lo que es necesaria una revisión del funcionamiento del sistema, comprobando conexiones y asegurándose de que el programa actúa de manera satisfactoria.

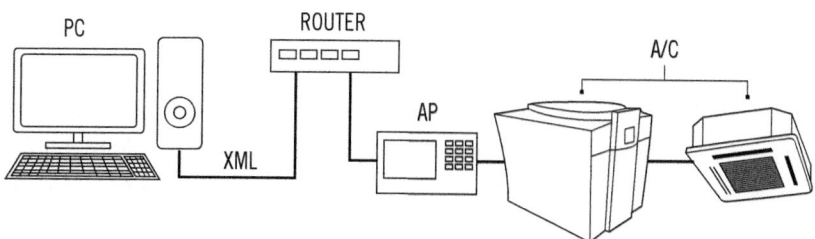

En la imagen se muestra como es posible manejar y programar a distancia a través de internet, por medio de ordenadores o de autómatas programables , unos sistemas de climatización que pueden tener distintos tipos de receptores que recogen la señal y la transmiten a la máquina de climatización.

 **Nota**

La complejidad de automatización de los sistemas de climatización y ventilación-extracción puede ir desde simples termostatos aislados a autómatas que controlan múltiples variables por medio de programas informáticos.

En el proyecto inicial de la instalación se tuvieron en cuenta todas las variables que debían ser controladas (presiones, temperaturas, número de personas que iban a ocupar un lugar), el tipo de control que se iba a llevar a cabo en el sistema (centralizado o distribuido), etcétera.

El programador, sabiendo cuál iba a ser el funcionamiento de la instalación y teniendo claras las prioridades en la interpretación de los datos recibidos por el sistema, estableció las instrucciones necesarias para programar la secuencia lógica de funcionamiento, así como aquellas otras instrucciones que debían programarse para que la instalación reaccionara de la forma establecida, adaptándose a funciones especiales. Esta programación servirá como punto de partida para restablecer el funcionamiento de la instalación tras la reparación de una avería.

En el empleo de autómatas programables, puede distinguirse entre instalación y programación. La instalación corresponde al montaje y situación de los componentes del autómata, que se realizará según lo que disponga el fabricante, pero adaptándose a las características del proyecto. La programación de los autómatas vendrá determinada por el fabricante del mismo y puede simplificarse con la incorporación de secuencias de instrucciones preprogramadas aplicables a diferentes modos de funcionamiento o sistemas, en las que, una vez que se han introducido los parámetros de funcionamiento que se han establecido para la instalación dada, queda particularizada la programación.

 Consejo

Para la programación de los autómatas programables tras el mantenimiento correctivo, es muy útil disponer de una buena información técnica, bien organizada, clara y con ilustraciones, ejemplos y notas.

Antes de realizar ninguna comprobación de funcionamiento, se verifica que los indicadores de diagnóstico muestran la situación prevista. También se comprueba que los dispositivos de parada responden según lo programado y que también lo hacen aquellos otros que permiten el control manual.

Una vez instalado el equipo, debe cargarse el programa en la unidad central. Tras cargar el programa, se procede a la puesta en marcha del sistema para comprobar que responde según lo previsto en la tarea de control original. Si no es así, habrá que realizar las correcciones y mejoras pertinentes.

En los grandes sistemas, es recomendable probar el sistema por partes, dejando fuera de servicio aquellas que no se están probando.

Nota

Para dejar fuera de servicio una parte de la instalación puede cortarse la alimentación o también se pueden introducir en la programación las instrucciones oportunas.

Se verifica que el sistema ejecuta todas las secuencias previstas de forma correcta y, cuando las pruebas resultan satisfactorias y la instalación funciona correctamente, se puede dejar en servicio.

Aplicación práctica

Tras proceder a la reparación de una grave avería en una instalación de climatización, ha sido necesario proceder a la sustitución de todo el sistema de control, lo cual incluye el autómata programable que gestionaba su funcionamiento. El nuevo sistema instalado es idéntico al que se ha sustituido, por lo que se aprovecha la copia del programa de funcionamiento para realizar la programación, ¿sería necesario entonces proceder a la introducción de los parámetros de funcionamiento?

SOLUCIÓN

No, porque cuando se cargó la programación en el primer equipo, ya se introdujeron los parámetros de funcionamiento, que se guardaron en la copia del programa que ahora se instala.

Las correcciones que se hayan efectuado al programa deben ser documentadas. También debe realizarse copia del programa definitivo.

 Recuerde

Una vez realizado el mantenimiento correctivo y con el programa adecuado en la memoria de la unidad central, hay que poner en marcha el sistema para asegurarse de que actúa adecuadamente a la descripción de tareas de control original.

7. Resumen

Cuando se han realizado trabajos de mantenimiento correctivo en instalaciones de climatización o de ventilación-extracción, hay asegurarse que su funcionamiento es correcto antes de volver a ponerla en servicio. Esto incluye medir los parámetros precisos de cada sistema y compararlos con el parámetro de referencia de la instalación o, en su defecto, con los establecidos en el proyecto original o en el RITE.

El objeto de estas mediciones es comprobar que se alcanzan las condiciones de confort para las que se diseñó, que todos los elementos funcionan correctamente y que el sistema de control regula la instalación según lo programado, procediendo, si se produce alguna discrepancia, al ajuste de los elementos causantes de esta.

De todas aquellas intervenciones realizadas debe quedar constancia, por lo que el técnico mantenedor deberá redactar el correspondiente informe, detallando en qué ha consistido la reparación. El informe deberá incorporarse al libro del edificio, de forma que pueda servir de referencia y consulta para posteriores trabajos de mantenimiento y reparación.

Ejercicios de repaso y autoevaluación

1. **De las siguientes afirmaciones, diga cuál es verdadera o falsa.**

    a. La válvula flotador del sistema de humectación permite la entrada de agua por encima del rebosadero.

        ☐ Verdadero
        ☐ Falso

    b. El principal objetivo de un sistema de climatización y, por lo tanto, el fin de una reparación de dicho sistema es mantener el confort.

        ☐ Verdadero
        ☐ Falso

    c. Por medio de los automatismos, se puede programar y poner en marcha el sistema de ventilación a una hora determinada, aun no estando presentes en el lugar.

        ☐ Verdadero
        ☐ Falso

2. **Complete el siguiente texto.**

El valor máximo establecido para la velocidad del aire en las bocas de salida de los conductos de aire no debe ser superior a _____ al nivel donde se encuentran las personas.

Para comprobar que no se supera este valor, cuando se realice la puesta en marcha de la instalación tras efectuar una reparación, se medirá con un _____ la velocidad hasta conseguir la velocidad deseada.

3. Elija la opción adecuada.

Para medir la velocidad del aire, se utilizará...

    a. ... un anemómetro
    b. ... un termómetro
    c. ... un termostato.

¿Qué temperatura pone como límite mínimo el RITE para verano?

    a. No pone límites.
    b. 25 ºC.
    c. 23 ºC.

¿Qué parámetro es el que detecta un sensor de calidad del aire?

    a. La humedad del entorno.
    b. Concentración de iones.
    c. Temperaturas máximas.

Después de pasar un flujo de aire por un filtro, la presión del aire...

    a. ... aumenta.
    b. ... disminuye.
    c. ... no cambia.

4. Ordene las siguientes acciones para que poner en marcha una batería de un intercambiador de agua.

    a. Finalmente, se deben ventilar completamente todas las tuberías y conexiones.
    b. Cuando comience a salir agua por la válvula de purga, la batería estará completamente llena y se cerrará.
    c. Se abre un poquito la válvula de suministro de agua, de forma que la batería del calentado se llene lentamente y permita salir el aire por la válvula de purga.
    d. Se abre la válvula de purga.
    e. Se abre la válvula de agua completamente y enciende el ventilador.

5. ¿Qué puede pasar si se emplea un agua dura en el sistema de humidificación?

_____

_____

6. Si las condiciones del caudal de aire que se encuentran son: la presión estática exterior es superior a la especificada, mientras que el caudal de aire medido es demasiado bajo, ¿cómo se actuará?

_____

_____

7. ¿Qué es la memoria de la intervención correctiva realizada?

_____

_____

_____

_____

8. ¿Cuál es la utilidad de los partes de trabajo?

_____

_____

_____

_____

9. Enumere al menos 3 tipos de actuadores.

_____

_____

_____

_____

10. ¿Qué diferencia hay entre los mandos manuales y los automáticos?

_____

_____

Bibliografía

Monografías

▎DE LAS HERAS León, M. E.: *Conocimientos específicos de instalaciones térmicas en edificios,* Antequera: Innovación y Cualificación, 2012.

▎FUENTES Martínez, J. A. y RODRÍGUEZ Sánchez, J. M.: *Instalaciones frigoríficas.* Valencia: Consejería de Cultura, Educación y Deporte, Cámara Oficial de Comercio, Industria y Navegación de Valencia, 2011.

▎GONZÁLEZ Valiente, C. y FERNANDO Pérez, R.: *Instalaciones de climatización y ventilación.* Valencia: Consejería de Cultura, Educación y Deporte, Cámara Oficial de Comercio, Industria y Navegación de Valencia, 2011.

▎GRIMM, N. R. y ROSALER, R. C.: *Manual de diseño de calefacción, ventilación y aire acondicionado.* Madrid: McGraw-Hill Interamericana, 2011.

▎LLORENS, M.: *Enciclopedia de la climatización. Calefacción.* Barcelona: CEAC, 2011.

▎MIRANDA, A. L.: *Enciclopedia de la climatización.* Aire acondicionado. Barcelona: CEAC, 2011.

Legislación

▎ Reglamento (UE) 2024/573 del Parlamento Europeo y del Consejo, de 7 de febrero de 2024, sobre los gases fluorados de efecto invernadero.

▎ Ley 7/2022, de 8 de abril, de residuos y suelos contaminados para una economía circular.

▎ Reglamento (UE) 517/2014 del Parlamento Europeo y del Consejo de 16 de abril de 2014 sobre los gases fluorados de efecto invernadero y por el que se deroga el Reglamento (CE) 842/2006.

▎ Real Decreto 115/2017, de 17 de febrero, por el que se regula la comercialización y manipulación de gases fluorados y equipos basados en los mismos, así como la certificación de los profesionales que los utilizan y por el que se establecen los requisitos técnicos para las instalaciones que desarrollen actividades que emitan gases fluorados.

▎ Real Decreto 1027/2007, de 20 de julio, por el que se aprueba el Reglamento de instalaciones térmicas en los edificios y sus posteriores modificaciones.

▎ Real Decreto 314/2006, de 17 de marzo, por el que se aprueba el Código técnico de la edificación (y actualizaciones).

▎ Real Decreto 487/2022, de 21 de junio, por el que se establecen los requisitos sanitarios para la prevención y el control de la legionelosis.

▎ Real Decreto 842/ 2002, de 2 de agosto, por el que se aprueba el Reglamento electrotécnico para baja tensión.

▎ Real Decreto 486/1997, de 14 de abril, por el que se establecen las disposiciones mínimas de seguridad y salud en los lugares de trabajo.

Textos electrónicos, bases de datos y programas informáticos

▌ Instituto para la diversificación y ahorro energético (IDEAE), de: <www.ideae.es>.

▌ Portal del profesional de refrigeración, de: <www.forofrio.com>.